D1728637

KLEINE FRÄNKISCHE BIBLIOTHEK

4

Wolfgang Koeppen

Proportionen der Melancholie

Drei fränkische Stadtbilder

Nürnberg · Würzburg ·
Bayreuth

Mit einem Nachwort von
Wolfgang Buhl

Kleebaum Verlag

Einbandillustration von Albrecht Dürer
Proportionen der ›Melancholie‹

Die Abdrucke folgen jeweils der ersten
für den Funk geschriebenen Fassung.

1997
Kleebaum Verlag
Mit freundlicher Genehmigung
des Suhrkamp Verlags
Frankfurt am Main
ISBN 3-930498-12-X
Gesamtherstellung: Pustet · Regensburg

Proportionen der Melancholie

Was wußte ich, was weiß ich von der alten Stadt? Nicht mehr als jeder – der in Deutschland aufgewachsen, in Deutschland zur Schule gegangen ist, das deutsche Lesebuch gelesen hat zu einer Zeit, als die Oberlehrer noch deutsche Träume träumten und um so verwegener in den Dunst der Geschichte blickten, verliebt, verstrickt in das eigene Goldfadengespinst, da die Gegenwart traurig schien, herzzerreißend, wie nicht wenige meinten oder es nachplapperten, gestürzt aus einem Rausch von Reiches Macht und Kaiserpracht, an der man nun in den schmerzlichen, erhebenden und immer täuschenden Erinnerungen teilgehabt hatte, oder so wähnte, in bürgerlichen Kreisen, Macht, an die man sich gehangen hatte, noch an ihrer Nabelschnur zu hängen glaubte, Pracht, in der man sich schimärisch entfaltete, auf seinen Stand stolz bedacht, das Licht von oben, großer Glanz, der sich mauserte zur guten alten Zeit mit ihren Kriegen als Schlachtgemälden und eingeschlossen Hermann den Cherusker und Kaiser Friedrich und Kaiser Barbarossa und den letzten Hohenstaufen und Charlemagne und Widukind und Luther und Hutten und Friedrich den Großen, Friedrich von Schiller auch und Bismarck und Wilhelm eins und zwei, erstaunlich dies nach dem ersten Weltkrieg der Technik, der Professoren, der Massen, der Revolution, dem bejubelten unbekannten Mars von 1914, dem beispiellos fürchterlichen Mordhaus von 1916 bis 18, da die strammen und prächtig gerüsteten, die tüchtigen und bewunderten Generäle sich wie rechte Zauberlehrlinge erwiesen hatten, hilflos vor unerwarteten Phänomenen im unerforschten Revier einer neuen unritterlichen Epoche, übertölpelt im übermütig gerufenen und schon von Beginn an nicht überblickten und verlorenen Geschehen oder, wie sie es lieber hörten, betrogen, das Schwert gezogen, das unbefleckte, in siegreicher, von finsteren Mächten verratener Schlacht:

In Nürnberg war das Vaterland groß geblieben, der Ruhm der Geschichte, das schöne Selbstverständnis eines Volkes in Stein gemauert, hochgetürmt für ewig unzerstörbar, so meinte man, mit dem Schlimmsten noch nicht bekannt, die auserwählte Reichsstadt blieb die Hauptstadt, die nach des Novalis romantischem Herzen nicht erobert werden konnte, die alten deutschen Kaiser ritten in jedem Sonnenuntergang in ihre hohe Burg, die Reichskleinodien, der Reichsapfel, das Schwert, die Krone ruhten geborgen in der Liebe, auch wenn sie lange schon und anderswo Museumsstücke geworden waren, dem Fleiß der Professoren und dem erbarmungslosen Vergessen anheimgegeben. Der deutsche Bürger sah sich gern als Bürger der Geschichte und Bürger dieser geschichtsbeladenen Stadt, als eines deutschen Bürgers Idealgestalt, dem Kaiser ergeben deutsch und christlich und erhobenen Hauptes, untertan als freier Mann der überlieferten, der legitimen, der

8

alten Obrigkeit, treu dem Reich, wie es die Lehrer und bald die Verführer lehrten, stolz auf die Väter, stolz auf das Erbe um einen herum, stolz auf Geleistetes, stolz auf Erworbenes, in der Welt angesehen, beneidet ja, und beneidet gern, und gegen den Fremden noch immer von Mauern und Türmen geschützt, für strenge Zucht und hergebrachte Sitte in der Gemeinde, den Künsten wohlgesonnen, wo sie noch erheben wollten und schmücken, am Feiertag, das Höhere preisend, und alle waren in die Sängerschaft aufgenommen, Reiche wie Arme, brav auf Wagners Bühne, die Familie richtete sich altdeutsch ein, stickte den Stickrahmen, führte das Hauptbuch, schrieb die Chronik hinter Butzenscheiben, unter dem Steildach so rot und so warm, froh werkte der Vater in der Väter Werkstatt im Hof, man hörte sein lustiges Hämmern und überhörte die Sirenen draußen am Stadtrand, wo Fabriken waren, Maschinen gingen, Fließbänder liefen, wo die Werkhallen standen, wo die Arbeiter arbeiteten, wo sie sich fanden, wo sie sich organisierten, wo sie streikten, wo sie die Stadt dunkel machten und still, wo sie entlassen wurden in die große Arbeitslosigkeit, den Gärteig der neuesten Geschichte; am Sonntag gingen die Bürger durch das feste Tor auf die Festwiese zu Spiel und Tanz, den Zeppelin zu begrüßen wie einst die erste deutsche Eisenbahn von Nürnberg nach Fürth, ein Spielzeug aus der Spielzeugstadt, eine unternehmerische Leistung, ein Beginn aus der Macht des Kapitals, der in die Wüste des Mondes führen sollte, und wer weiß wohin.

Ich hatte das Spielzeug, die Burg stand unter dem Weihnachtsbaum, das Kind konnte die Burg beflaggen oder die Burg zerstören, es mochte die Burg belagern, es durfte sie verteidigen, es wollte Kaiser oder Rebell sein, lieber der Kaiser, der Rebell wurde in die Verliese geworfen, er wurde mit glühenden Zangen gezwickt und geviertelt, gehenkt, gepfählt, wie das trotzende Kind in die Ecke gestellt wurde, zu Recht gebrandmarkt, die Politik und die Diplomatie waren dem Kind fremd, der Rollwagen fuhr vor dem Puppenhaus vor, er kam aus Venedig, kam über die Alpen, die Winde am Giebel hob Fässer und Kisten, Gewürze aus Indien, Stoffe aus dem Orient, Wein von Samos, und brachte sie ins Magazin des ehrbaren Kaufmanns, das Kind wußte nichts von Wechseln, Schulden, Schuldturm, Kredit und Geld, es gab kein Spiel »Die Bank«, es gab kein Jugendbuch »Der Bankrott«, man sagte dem Kind, den Nürnberger Christkindlesmarkt, den müßtest du sehen, und tausend Christkindl kamen vom Himmel hoch nach Nürnberg, tausend Rauschgoldengel glitzerten in tausend reifbedeckten Buden, tausend Weihnachtsmänner standen in Nürnberg im Schnee auf dem Markt, den Sack voll Gaben, und tausend Ruten drohten den ungezogenen Buben, Nürnberg rundete sich rot auf der Lebkuchenbüchse und rundete sich eng geduckt zum Dächerberg, zur Burg, zum Turm, zum Himmel strebend in der ältesten Stadtansicht der Schedelschen Weltchronik, und ein paar Seiten wie ein paar Jahre vor oder nachher rundeten sich zum Druckbild und häuften sich zur flammenzüngelnden Himmelfahrt ein Bündel Juden, die verbrannt wurden in derselben Schedelschen Weltchronik. Ein Zufall. Es hätte in jeder frommen Stadt geschehen können. Das Kind wünschte sich den Nürnberger Trichter, um alles zu begreifen. Wie angenehm, wie leicht, wie nützlich war, was aus dieser märchenhaften Stadt Nürnberg kam.

In der Alten Pinakothek in München zeigt ein Gemälde den Nürnberger Schreibmeister und Mathematiker Johannes Neudörfer; in dem Bild leben Mühsal und Angst; verkniffen und freudlos unterweist der Vater den Sohn in beiden Disziplinen, die wahrlich die Welt umstürzen sollten; der Sohn ist ernst, erschrocken, verschüchtert, blassen Gesichts, seiner Kindheit nicht froh. Die Bildung hat ihren Preis. Noch heute riecht es in Nürnberg um das Gymnasium des großen Melanchthon, das viele bedeutende Männer in den Erdkreis entließ, nach dem Angst- und Lernschweiß der jungen Humanisten.

Ich kam aus Norddeutschland ins Fränkische, aus protestantischer Gegend, ich war jung, es war die erste Begegnung mit dem Süden, mit der katholischen Sinnlichkeit des Barock und des Rokoko, die Residenz in Würzburg und Schloß und Park von Veitshöchheim waren voll Nymphen. Der Himmel schaute nicht strafend; er ermunterte. Die Erde spendete Wein. Durch den Pfaffenberg, über der Stadt der hundert Kirchen und des großen Geläutes, strich Dionysos. Ich sah Dürer auf dem Main fahren vor Frickenhausen und Ochsenfurt. Die Silhouette war über die Jahrhunderte die gleiche. Heere waren vorübergezogen, Mord war geschehen, Brandschatzung und Schändung. Aus den Kellern unter den verwitterten Wehrmauern dunstete der Wein. Ich las das Tagebuch der Reise in die Niederlande. O Pfennigfuchserei, dies strenge Walten eines Hausvaters, das sorgsamst geführte Journal der Einnahmen und Ausgaben *»da saßen wir zu Morgen und verzehrten 22 Pfennige«*, *»da blieben wir über Nacht, und ich verzehrte 19 Pfennige«*, die Rechnung sollte stimmen, die kleinen Summen kamen in ermüdender Wiederholung, keine Farbe kam diesem Färber für die Landschaften ins Wort, die Stationen der Reise waren Namen in einem Fahrplan, Dürer kommt in Frankfurt an, er verzehrt 6 Weißpfennige, er gibt dem Buben 5 Frankfurter Heller, er verläßt die Stadt, was tat sich dort, was redete man in Frankfurt, wie wohnten die Leute, nichts, ein Mann, der nichts zu erleben scheint, magere Begegnungen, ein Hersteller reiste mit seiner Ware, Bildern, er brachte sie durch den Zoll, er verkaufte sie, wie

12

wir heute wissen, viel zu billig. Jetzt, wenn ich das Tagebuch wieder lese, begreife ich. Es war die Tragödie zu leben. Dürer mußte haushalten. Dürer mußte rechnen. Es schützte Dürer ein wenig. Es rettete, was in ihm trieb. Die kostbare Fracht, die der Zöllner nicht fand. Verstand sich Dürer überhaupt als Künstler? Gewiß sah er sich nicht vogelfrei, bestimmt nicht als Hippie. Er war Maler, er war Meister, er wollte Bürger unter Bürgern sein, gehorsam dem Rat, den sieben Herrn Älteren, er schrieb ihnen untertänigst, wie auch dem Kaiser, er bat. Er wurde betrogen. Er wußte es. Er wagte in Venedigs Freiheit das böse Wort: »*zuhause bin ich ein Schmarotzer*«. Er wollte zu Hause sein. Er wollte versorgt sein. Er wollte ein Haus haben. Er bekam das Haus. Er blickte aus dem Fenster seines Hauses auf die Burg und gegen die Mauer. Wir, die wir das Haus besuchen, schauen ihm nach. Als Christus steht er am Himmel. War er geborgen, oder war er gefangen? Er mußte bleiben in seiner Stadt. In diesem Mann war die Apokalypse. Sie brauchte ein bürgerliches Bett. Die Göttin des Glücks, die große Fortuna, war ihm als böse Frau erschienen, eine erschlaffte Kokotte, die sich Flügel angeschminkt hatte, verbeulte Gaben in der Hand wie vom Abfallhaufen, Weltbitternis im Gesicht, er nannte sie die Nemesis. Von seiner Mutter sagte er: »*In ihrem Tode sah sie viel lieblicher aus, denn da sie noch das Leben hatte.*« Er hatte sie konterfeit, ausgehöhlt vom Menschsein, erschöpft von der Erde Qual, vor dem Grab ein Gerippe unter durchsichtiger Haut. In seinem Hof saß die Melancholie, schön und stark, und die Melancholie übermannte die Melancholie und Hof und Tier und Haus, und sie ließ die Hände ruhen und genügte sich selbst. Ich kam nicht nach Nürnberg. Mich hielt in Würzburg der Wein. Ich mochte kein Bier. Ich dachte mir die Stadt voll Gewerbefleiß, Rechenkünste, genau gehende Uhren, frisierten Bilanzen, Predigerstrenge des alten Melanchthon, Konservatoren an der Leiche des Mittelalters, eine verrufene Gasse im Schatten der Mauer, wie damals, als es noch den Büttel gab. Ich hatte unrecht. Die Apostel wandelten an des Sebaldus Grab in der Sebalduskirche mit den Göttern und Fabelwesen der Antike. Allein Peter Vischer steht als Werk- und Biedermann, in Arbeitskleidung, den Schurz vorgebunden, so irdisch derb zwischen den mythologischen Gestalten, daß er in die Fabrik hätte gehen können, zur MAN, ein gesuchter Former, ausgeschlossen von himmlischer Freude und olympischer Lust, so hatte er sich gesehen, so hatte er sich hingestellt, der Schöpfer zwar, aber der die Last trug, die Last der Frömmigkeit und die Last der Weltlichkeit, das Los der Arbeit, dazu noch das Los der Kunst, im Wettlauf mit dem täglichen Sterben und der entschwindenden, der bald rasenden Zeit, denn als das Gestell, das Gerank um den

14

Reliquienschrein so wunderbar gegossen war, da trat schon die Reformation in die Kirche des Heiligen ein, und Sebaldus lag nun wirklich in einem Grab und war für immer gestorben. Oder er ruhte gar nicht dort in seinem Grab. Es war gleichgültig geworden.

Ich kam nach Nürnberg, als es Nürnberg nicht gab. Ich war zu spät gekommen oder zu früh. Es führte kein Weg durch den Schutt. Die Zerstörung war so, daß man sie hinnahm. Sie erstaunte nicht. Es entsetzte nicht. Niemand saß auf den Trümmern und weinte. Keiner gedachte der Apokalypse. Man sprach nicht von Gottes Zorn. Der Gerechte wurde nicht gesucht, der die Stadt hätte retten können. Hier lag die deutsche Geschichte; mochte sie doch hier liegen. Vielleicht war es das graue Grab der deutschen Kunst, das bunte Schatzkästlein war zerbombt, von Romantik war keine Rede. Diese Nürnberger Ruinen waren unromantisch. Es mochte auch dies wieder ein Augenblick der Geschichte sein, in dem man selber stand, von zukünftigen Historikern mit vielen neuen Fachausdrücken in neuen Geschichtsbüchern als eine auf ihre entsetzliche Art wieder große Stunde beschrieben, und die Kinder in den Schulen würde es langweilen. Es interessierte nicht. Das Dritte Reich war tot. Die Leiche interessierte nicht. Man hatte diesen Tod herbeigesehnt, oder andere mochten ihn gefürchtet haben, doch als er eingetreten war, war es schon Historie geworden, ein Unglück, das nicht mehr zu ändern war, und mit dem man sich nicht länger beschäftigen wollte. Hatte man teilgehabt? Man erkannte sich nicht. Jede Identität wurde geleugnet. Aus allen Kellern kroch der Vogel Phönix, dem Feuer entstiegen, und wußte nichts. Schuld? Sie fragten mit Pilatus: Was ist Wahrheit? Sie retteten sich zu spät in die Skepsis, übten sich als Hinterbliebene in Weisheit. Das Gericht tagte, aber man interessierte sich nicht für Gerechtigkeit. Ich hätte damals mit Alfred Kerr, der zum Gericht gekommen war, denken können: Dies wird nichts mehr, dies soll man liegenlassen, ein Mahnmal, das weite Trümmerfeld mit dem romanischen Bogen, dem gotischen Pfeiler einer zerschlagenen Kirche, verloren unter dem Himmel, allmählich grasbewachsen, ein Epitaph, auch für Dürer.

So lebt der Ort, ist auferstanden, ist mit Maß restauriert, mit aller Vorsicht neu gebaut, das Alte und das Neue vertragen sich einigermaßen, sollen sich vertragen, oft fehlt es an Mut, man bedauerte es, die Städte, die wieder zu errichten waren, fanden keine Architekten aus unserer Zeit, oder sie suchten sie nicht, oder sie wollten sie nicht, oder es gab sie nicht, wo wäre Kühnheit des Bauens angebrachter als in einer berühmten Stadt, die neu zu schöpfen war, als neben einer ehrwürdigen Kirche, als neben Lorenz und Sebaldus, die man erhalten wollte, konnte, mußte; warum scheuen wir uns, uns ein

Denkmal zu setzen, daß man einmal sagen kann, das waren die, die es durchgemacht und dann gewonnen haben, ganz unverkennbar; zuweilen eine Front, die freut, selten eine geglückte Symbiose, die Stadtbibliothek, das Pellerhaus, dann eine wilhelminische Verschnörkelung aus dem Kinderbausteinkasten der Jahrhundertwende, die nicht alles bedauern läßt, was dahingegangen ist, Nürnberg nun eine Stadt wie andere in der Bundesrepublik, ein Aufbauwunder wie überall, auch hier zuviel zitiert die Konjunktur, eine große Leistung, mit Recht, mit Stolz, geschafft, es wurde geschafft, die Stadt ist voll Erwerb und Fleiß und konsumiert, sie hat ihr Rathaus, sie hat ihre Räte, sie hat ihre Probleme, die sind von heute, sie verstopft im Verkehr, sie platzt aus den alten, den schönen, den romantischen Mauern, ihre Peripherie genügt ihr nicht, sie schafft sich ein Satellitenkind, Menschen für den Supermarkt. Dabei bedacht, Nürnberg zu bleiben oder wieder zu sein, dieses Besondere, das Einmalige, das zum Kunstwerk Erklärte. Vielleicht sind die Dächer nicht mehr so rot und so steil, die alte Mauer ist geblieben, sie ringelt sich wie eine Schlange um die Stadt, beißt sich in der Kaiserburg in den Schwanz, schließt ein, hält zusammen, ich sah es von oben, vom städtischen Hochhaus, die Kernstadt ruht in ihrem Kreis wie auf alten gemütlichen Bildern, ich fragte den Stadtinspektor, ob sich jemals einer von der Plattform des Hochhauses hinuntergestürzt habe, er sagte nein, der St.-Rochus-Friedhof lockte von oben, hinter ihm stand ein Gaskessel und kochte der Stadt das Mittagessen. Die Wirtschaft wies darauf hin, daß sie das älteste Weinhaus sei. Es gab flambierte Nieren. Die Kochkunst auch hier, wie nun üblich, als Schaugeschäft degradiert: die Allerweltspeisekarte der internationalen Hotellerie, voll Überdruß. Die brennenden Kerzen auf den Tischen waren wie die bekannte Reklame für das Besondere, das den Preis rechtfertigen soll. Die Mauern der Wirtschaft, ihr Dach war alt, oder alt erneuert. Man kennt sich nicht aus. Das täuscht. In Nürnberg.

Ich ging in die Lorenzkirche, am Mittag, zum Orgelspiel, es klang gut in dem leeren Raum, es war wie Stille, es war niemand da, das trübe Winterlicht fiel durch die Glasmalerei der Fenster kalt und bunt, und ich versuchte, einer zu sein, der diese Kirche gebaut hatte oder dazu beigetragen hatte, dem sie etwas bedeutet hatte, der sich zu retten glaubte, vor dem Tod, vor der Endlichkeit, vor der schrecklichen Verwesung, in der Zuversicht des Auferstehens, oder der nur kämpfen und zeugen wollte für seinen Glauben, und es gelang mir nicht. Gott kam nicht zu mir in seiner Kirche in Nürnberg. Und die ästhetische Freude, die bloße Betrachtung des Schönen, die Suche nach dem einmal Vollkommenen, die Anwendung der Stilkunde ließen mich kalt an diesem kalten Mittag. Ich ging zu Woolworth

18

hinein, ein Haus weiter, dort war es warm, dort waren Gläubige, da schrie eines dieser jetzt so geschätzten plärrenden Mädchen auf ihrer Schallplatte mit Inbrunst, mit Glaubenskraft, mit lang, lang gezogenen Vokalen. »Alle Träume werden wahr«. Bei Woolworth war es nicht leer. Man drängte sich an die Verkaufstische, man raffte, was es zu raffen gab, man gab sein schwerverdientes Geld für die Enttäuschung aus, die von einem erwartet wurde zur Weihnachtszeit. Ein ganzes Stadtviertel der Warenhäuser, von einem Warenhaus zum andern, ein einziger Bazar, nicht mehr das Paradies der Damen, Himmel und Hölle der Verbraucher jedweden Alters und Geschlechts, die Rolltreppen hinauf und hinab, im Arm die Pakete, Bestätigung! Die Existenz hatte zu Buch geschlagen. Auf dem Weihnachtsmarkt aßen sie Bratwürste, als wollten sie ein für allemal beweisen, daß Nürnberg wirklich die Stadt der Bratwürste sei. Die Lebkuchen, die alten Nürnberger Lebkuchen, braun oder schwarz, waren viel weniger begehrt als das scharfe verbrannte Fleisch der Würste, niemand verschlang süße Lebkuchen auf dem Platz bei dem Schönen Brunnen, der alles überstanden hat, Autodafés, Nazis und Bomben, und vielleicht wollten die Kinder keinen Kuchen, weil es keine Großmütter und keine Hexen mehr in den Familien gibt, kein Platz ist in den Wohnungen, doch die unverkauften Lebkuchen ruhten in den vertrauten Dosen mit dem traulich vertrauten

Bild des vertrauten Nürnberg und der Erinnerung an alle erlebten Weihnachten mit Lebkuchen oder keinen, wenn das Haus brannte, wenn man im Keller war unter Trümmern oder nur weil man sich verstecken mußte, auf der Flucht, im Hunger, vor der Hinrichtung, vor dem großen Schlachtfeld. Ich aß von den Lebkuchen auf dem Christkindlesmarkt und dachte an ein anderes altes Bild, Nürnberg im Reichswald, die Stadt in ihrer grünen Jugend, baumumschlossen, aber schon in Herdwärme und Enge unter roten Dächern mit Rauch, und die Kuchen schmeckten nach Tanne, Nuß und Honig, wie sie die Bären mochten, die in dem Wald lebten und dachten für immer und gejagt wurden und starben, als die erste Mauer der Stadt gebaut und der erste Weg gerodet war für den Kaiser, für den Fuhrmann, für den Henker zum Galgen. Die Christkindl, die Rauschgoldengel, die Weihnachtsmänner, selbst ihre Ruten, sie waren im Kinderland der Phantasie geblieben und hatten Vertreter aus Leim und Pappe geschickt, die lustlos in den Buden hingen. Die Puppenstuben waren Puppenstuben aus dem sozialen Wohnungsbau. Die Puppen selbst waren so lieb und so brav, daß sie von ihren Puppenmüttern verhauen werden wollten. Die kleinen modischen städtischen Mädchen betrachteten die dicklichen ländlichen Puppen mit kalten Augen. Warum zwangen sie sich in die Budengassen? Um einer Überlieferung zu genügen, weil es

20

immer so gewesen war, weil man es tat? Ein
Kinderheim kam auf den Platz, kranke Kinder,
die behinderten schoben die gelähmten im
Krankenstuhl: in ihren Augen war die Freude an
der Welt, bis zum alten Mond und nicht nur
am Schönen Brunnen in Nürnberg. Und dann
zogen alle, die Kranken und die Gesunden, mit
Lichtern und Musik und Gesang vom Markt-
platz zur Burg hinauf, es war ein großes Ge-
dränge und der Fremde stand fremd am Stra-
ßenrand und war nicht mitgerissen und dachte
an andere Aufzüge. Vielleicht fürchtete er
sich.

Nürnberg, sagt man, sei das Germanische
Museum, und das Germanische Museum wäre
Nürnberg. Das ist ein romantischer Gedanke.
Sicher umfängt das Germanische Museum alles
was Nürnberg in der romantischen Vorstellung
war: schöne deutsche Geschichte, schöne deutsche Sitte, schöne deutsche Religion, schöne
deutsche Kunst, selbst noch die Wissenschaft ist
deutsch und schön. Ich weiß das Museum zu
schätzen. Ich gehe gerne hin. Ich verlasse es mit
Gewinn. Es ist klug geleitet, es ist sehenswert,
die Sammlungen sind beispielhaft ausgestellt
und gehängt. Aber sie bleiben eine Sammlung,
die ein Sammler zusammengetragen hat, der
sich seiner Schätze freut und sie herzeigt in der
Erwartung, daß man ah sagt, ach wie schön. Die
Zeugnisse der Vergangenheit sind, in das Museum gebracht, zwangsläufig Wertgegenstände,

Seltenheiten, Kostbarkeiten, die man zu schätzen, zu verehren, zu bewundern und nicht zu kritisieren hat. Die alten in das Museum gebauten Häuser, ihre Zimmer, wie behaglich sind sie, wie sauber, wie blank die Fenster, wie warm die Öfen, man möchte sich da ins Bett legen und endlich den Frieden genießen. Schlief der Hausherr immer gut? Hatte er keine schlechten Träume? Schlich der Mord nicht um das Haus? Drohte nicht Krieg, Brandschatzung, Gefangenschaft, stand er nicht vor dem Ruin, wurde ihm nicht das Bett weggepfändet, war er nicht krank, fürchtete er nicht den Tod, betrog ihn nicht seine Frau, enttäuschte ihn nicht sein Kind? Und wer machte sauber? Wie lebte er? Wer stand vor dem Tag auf und schürte die Öfen, daß es behaglich werde? Wer putzte die Fenster so blank? Wer kochte das Essen am sauberen Herd? Wie kam das Brot ins Haus? Wer verdiente es? Wer wurde um sein Brot betrogen? Oder die Trachten? Wie lustig, wie sauber diese zufriedenen Puppen hinter dem Glas. Aber woher kam das Tuch, was verdiente der Schneider, wie lange wurde ein Anzug getragen, und hatte jeder einen Anzug, und was war mit den anderen, mit denen in Lumpen, und wollte man diese Tracht überhaupt haben, oder war man verurteilt, sie anzuziehen, in einer sozialen Rolle zu bleiben, in seinem Stand, von Geburt her, ein Leben lang? Es ist vergangen und es ist verklärt. Wer hier wohnte, wer sich hier kleidete, wer die

Instrumente spielte, ist tot. Die Schulklassen streifen durchs Haus und umarmen sich und sind an sich und gar nicht an diesen Bildern aus deutscher Geschichte interessiert. Erst die Älteren wagen den falschen Blick: Es ist alles die gute alte Zeit; und wir, die wir leben, die wir die Nachbarn sind, wir sind böse.

Und dann der Saal, der alles veränderte, der weiterrückte und näherbrachte, eine neue Epoche beschwor, neue Sterne entdeckte, unsicher machte, verwirrte, den Glauben erschütterte, Gottes Kind zu sein, der Sieg der Wissenschaften, mißtraut, umfeindet, noch ursprünglich, primitiv, rührend, unter den spitzgiebeligen Dächern gebastelt, da sind die Uhren, das Nürnberger Ei, daß man die Zeit bei sich tragen konnte, angeberisch, genau, und sich ihres Enteilens in jedem Augenblick bewußt blieb; auch wenn die Glocke vom Kirchturm nicht schlug, tickte in der Tasche des Anzugs der Tod, trieb an zu rastloser Tätigkeit, zur Jagd, zum Erfolg im Leben, nütze den Tag, du entgehst deinem Ende nicht. Und all die Instrumente, zu rechnen und zu messen, die man bevorzugt in Nürnberg erfand und baute, sich auf dem Meer, das doch fern den Mauern war, zu orientieren, sich vom Gestirn leiten zu lassen zu unentdeckten, zu ungewissen Küsten zu Schiff und im Gemüt, die Vermutungen, die Feststellungen, die Erdbilder, die Himmelsgloben, die Werke der Humanisten, lateinisch, aus dem griechischen, manchmal in deutsch, die die Spekulationen der Alten über das »Wer sind wir, wo stehen wir, wo kommen wir hin« wieder studierten, ausgruben, fortführten, geheimniswitternd, unheimlich, so spaßig, so gelehrt und so unschuldig ist das versammelt im Germanischen Museum und war Wagnis und Sprengstoff dazu und trug dazu bei, daß von Nürnberg die Seefahrer fuhren, der Seeweg nach Indien, das Amerika war, entdeckt wurde, so daß der Landweg zum alten Indien versandete, der den Handel der Stadt reich gemacht hatte, der nun in eine fast tödliche Krise kam, unter dem alten Himmel, der nicht mehr der alte war, errechnet zwar, aber verunsichert, der Mensch aus seiner Heimat gestoßen in die Größe und Angst des unendlichen Raumes. Da in der Nähe solcher Kühnheit steht der Hansel, die freundliche Brunnenfigur aus dem Heiliggeistspital, in Venedigs Art über das Wasser gesetzt, wo man ißt und trinkt und vielleicht fröhlich ist, und wo die Alten gepflegt werden, so hoffe ich, wo sie ihr Viertel Wein bekommen und nicht allzu traurig, nicht zu verbittert, nicht zu enttäuscht und zu betrogen in das dunkle Wasser der Pegnitz blicken, und friedlich, so hoffe ich, in ihren Kammern sterben werden, der Hansel im Vorhof des Spitals, im Original im Museum, dieser lustige Bursche, die Brunnenfigur eines Schalmeibläsers trägt eine Kette um die Lenden, Glieder aus schwerem Eisen. War er angekettet, war er gefesselt,

24

weil er lustig, unbetriebsam war, und nichts weiter wollte, als zu stehen und zu leben und ein wenig Musik? Also doch ein Hippie in Nürnberg? Er stand vor dem Hotel, die Haare bis zu den Schultern, in Jeans, in Leder, gelehnt an die Mauer, aus dem Verkehr, müßig neben dem Strom, kein Verbraucher und doch ein Kunde, Jacke und Hose und Trapperstiefel aus der duften Boutique, das Haar mit einem Reklamemittel gepflegt, so »im Stil der neuen Zeit«, wieder eine Renaissance, das Gesicht des jungen Dürer, das aus dem Spiegel geholte Gesicht, aber Dürer war ein Narziß, und der Hippie vor dem Hotel war nur ein halber Narziß: Er kannte genau seinen Preis.

Ich ging am Abend durch die Stadt und fand ein Kino, das in einem Film die – ich weiß nicht wie vielen – Positionen der körperlichen Liebe zeigen wollte. Es gibt ein Bild von Erhard Schoen zu der Proportionslehre von Dürer. Es liegen da Gelenkfiguren, wie sie die Malschulen benutzen, zu einem Lehrstück vereint, das man das erste kubistische Bild nennen könnte, eine Abstraktion des Menschen aus dem Jahr 1543, in Nürnberg gemacht, sehr reizvoll anzusehen. An dieses Werk erinnert der Film in diesem Kino, in das viele Leute gegangen waren. Man konnte zwei junge Menschen sehen, beide Geschlechter, nackt, die nach den Weisungen eines Professors mit dem Zeigestock zur Vereinigung gedrillt wurden, die sie, exakt, geübt und persönlich unbeteiligt, als Positionen vorführten, an denen die menschlichen Proportionen wohl zu studieren blieben, aber das Menschsein den Menschen genommen war. Es berührte seltsam, mitten in dieser alten und schließlich erfahrenen Stadt diese zwei Nackten bei ihren öffentlichen Exerzitien zu sehen, von einer unerwarteten Reinheit des Professionellen, nie vorher gekannte neue Wesen vielleicht, lieblos, empfindungslos, ohne Lust, ohne Wollust, ohne Freude, ohne Tränen, ohne Schmerz, rein funktionell. Die Straße war nachher leer, sie war kalt, sie war unheimlich. Wer schlief in den Betten? Was wächst in die Zeit?

Ich suchte den Johannisfriedhof und sah, daß er römisch ist, eine römische Enklave in einer deutschen Vorstadt. Die Sarkophage machten die Patrizier und die anderen, die es sich leisten konnten oder hier geduldet wurden, noch im Tode zu Fürsten, zu Fürsten in die Ewigkeit. Ein jedes Nürnberger Geschlecht liegt in seiner Nürnberger Burg. Sehr städtisch. Die Toten lauern in einer rechten richtigen Stadt auf ihre Auferstehung. Morgen schon möchten sie ihren Geschäften nachgehen. Der Johannisfriedhof hat keine Landschaft. Gibt es auch nicht vor. Schwärmt nicht von der Natur, in der so viele ruhen möchten, als sei die Natur, die gleichgültige, menschenfreundlich. Dieser städtische Friedhof spricht für die Stadt. Er machte mir Nürnberg sehr sympathisch. Ich stand, versteht sich, vor Dürers Grab, las die bekannte Inschrift: »*Was von Albrecht Dürer sterblich war, birgt dieser Hügel.*« Ich dachte aber an Dürers Grab an den Verfasser seiner Grabschrift, an Willibald Pirckheimer, mit dem Dürer befreundet war, oder es hoffte, von dem er sich protegiert glaubte und vielleicht ausgenützt war. Pirckheimer war ein Patrizier, einer der klügsten Männer seiner Zeit und seiner Stadt, ein Intellektueller, ein Egghead und unbeliebt, der alles wußte in seiner Zeit und an allem zweifelte in seiner Zeit und die Untergänge voraussah für seine Zeit. Die Stadtbibliothek in Nürnberg hat Pirckheimer eine schöne Ausstellung gewidmet, zu der ein Katalog geschrieben wurde, der eine kleine Kulturgeschichte des deutschen Humanismus, der Reformation und, am Rande, der Revolution, der Bauernaufstände ist, die der reiche Pirckheimer als Wirklichkeit leider nicht mochte. Er war ein Genießer. Ich bin ihm nachgefahren nach Neunhof, seinem Gut, wo er die Monate der Pest verbrachte, den Plato las, Fische aus dem Bach speiste, Wild vom Feld, nachts die Sterne betrachtete mit den neuen Instrumenten und mit einer Magd ins Bett ging, einen Sohn zeugte, den er vergaß. Ich stand vor seinem Patrizierschloß, einem hohen Stadthaus auf einem Acker, fand das Tor verschlossen, ein Hund bellte und wehrte und kuschte selbst keiner lateinischen Rede. Auch Pirckheimer fand sein Grab auf dem Johannisfriedhof, und sein Spruch lautet: »*Die*

Tugend kann nicht untergehen.« Pirckheimer, dieses lesend, er hätte die dicken Lippen geschürzt, der von Dürer gekennzeichnete Kopf, in dem die Welt böse brütete, mit seinen melancholischen, seinen wissenden Augen in einem feisten Gesicht mit den Wunden der Sinnlichkeit.

Lebte ich in Nürnberg, ich möchte wohl auf diesem Johannisfriedhof begraben werden, aber die Stadt würde mich nach ihrer Reißbrettsatellitenstadt schicken, nach Langwasser, in ein unangenehmes Grab neben dem Supermarkt.

Gehalten am 22.1.1971 im Studio Nürnberg des BR

An einer Krümmung des Mains

Würzburg

oder: Das Erbe der Fürstbischöfe

Heinrich von Kleist, der die ganze Stadt Würzburg von Heiligen, Aposteln und Engeln wimmeln sah, ihre neununddreißig Kirchtürme mit den Pyramiden verglich, dem Grab eines Bischofs und Königs, in das er wohl versucht war, sich hineinzulegen, und gleich sich berichtigte, *»aber die Täuschung dauerte nicht lange«*, Kleist 1800 auf einer geheimnisumwitternden, zwingenden Reise, in Begleitung des vermummten Herrn der Literaturgeschichte, fähig der sokratischen Hebammenkunst, hier des Ludwig von Brockes, den Karl August Varnhagen von Ense, Buchhalter der Romantik, 1847, lange nach Kleists Tod, »einen edlen gebildeten Mann voll hohen Ernstes der Seele und von großer Zartheit des Gemütes« nannte, Kleist sich als Dichter entpuppend in der Beschreibung eines Gewitters über dem Main, den ganzen Kleist vorstellend in diesem einzigartigen Brief aus Würzburg an die unbegehrte Braut Wilhelmine von Zenge, und Leonhard Frank, der Schlossergeselle und spätere feine Mann in den Hotelhallen, der in seinem ersten und schönsten Roman »Die Räuberbande« das Kleinleutemainviertel seiner Geburtsstadt mit neuem Realismus zeichnete, dennoch poetisch verklärte und unvergänglich machte, zugleich, wie einige immer meinen, das eigne Nest schmähte mit der bedrückten und energiegeladenen explodierenden Kindheit, 100 Jahre nach Kleist, die Rebhänge des Schloßbergs voll armer, böser Buben, Kleist und Frank führten mich in meinem zwanzigsten Jahr nach Würzburg. Ein Brief des Stadttheaters hatte mir eine Stellung als Dramaturg und Gehilfe der Regie versprochen. Auch wollte ich die Universität besuchen, und bald beeindruckte mich wahrlich der Juliusbau der Jesuiten. In seiner Bibliothek roch es nach Schätzen großer Geister und alles durchdringend nach Wein. Ich besuchte das Grab des Herrn Walther von der Vogelweide. Ein kleines Mädchen legte Blumen nieder. Ich dachte es mir schön, in dieser Stadt begraben zu sein. An einem Sonntag erinnerte ich in einer mir anvertrauten Matinee des Theaters vor leeren Stühlen an Max Dauthendey, der 1918 auf der fernen, heißen Insel Java gestorben, 1867 in Würzburg als Sohn eines Photographen geboren war. Die ganze Stadt erschien mir nach einem Titel des allzu schnell Schonvergessenen ultra violett, ein glänzender Ort aus Schmerz und Lust, Vergänglichkeit und Ewigkeit, Anziehung und Bedrängnis, des Geselligen und der Einsamkeit zu sein.

Ich kam aus der norddeutschen Tiefebene, wie man mich in der Schule belehrt hatte, überquerte zum ersten Mal den Main, der eine Linie im politischen Reich sein sollte, ich dachte an ein andres Klima für den Kopf, erreichte Süddeutschland, das man dort, wo ich geboren war, immer verlangend sah, schon als den Süden an sich, sonnenbeschienen und warm, weinselig, geschichtsträchtig, die Häuser gar italienisch, das Vaterland der Kultur mit der ausschweifenden Frömmigkeit des Barock oder voll der Sinnlichkeit des Mittelalters mit seinen Madonnen und Märtyrern. Ich dachte an die gefesselten Hände des Heiligen Sebastian. Ich war erwartungsvoll, ich war bereit, war neugierig und lüstern. Ich traf Eva, wie verabredet, auf dem Markt. Es war im September, dem Erntemonat. Gemüse, Früchte und Trauben zuhauf. Blumen darübergelegt. Das glitt in das Gotteshaus hinein und quoll aus ihm raus. Der tägliche Handel und Wandel war in die Marienkapelle wie hineingeschlagen. Ein Kaffeehaus in der Grundmauer. Es roch nach Hefe und nach Backofen. Zu Rohrnudeln gab es Wein. Noch kannte ich ihn nicht. Noch war ich zu schüchtern, ihn zu kosten. Die Kirche über uns war wie ein geschnitzter, kostbarer Schrein. Eva steht, hängt, klammert sich fest im Portal. Im Profil lieblich, die schmale Schulter, die kleine Brust, das lange Mädchenhaar. Sie blickt auf ihren Markt. Sie gehört dem Markt. Tilman Riemenschneider verlieh ihr Trauer, Melancholie, Resignation. Das rührt. Von vorn betrachtet eine junge Frau, dem Frauenschicksal ausgeliefert. Das Gesicht bekommt mehr Fläche, Trotz und Ergebung prägten sich ein, fast ein leichter Ekel, der aufsteigt und nicht zu verdrängen ist, berührt von Menschenlos und künftigem Unglück, Schönheit, um die man bangt, die junge Haut des linken Arms, des noch jungfräulichen Leibes, in der rechten Hand den Apfel der Verführung, wie aufgedrängt, zögernd genommen, wahrscheinlich wissend, von nachtwandelndem Charme, Adam schläft und träumt, für Eva fern, auch er wird gefällig sein, lässig tun, was ihm so angekreidet werden sollte.

Ich wohnte bei der Witwe eines Eisenbahners, der unter die Räder gekommen war. Die Witwe war drall, fleischig, gutmütig, sie lachte gern, wenn ich sie zum Lachen brachte. Der Verunglückte aber sah auf der gerahmten Photographie über meinem Schreibtisch, der seltsam verschnörkelt war und unendlich viele, winzig kleine und gänzlich unbrauchbare Schubladen hatte (es sei denn, man wollte Entwürfe von Theaterstücken in ihnen verstecken), abgezehrt, arbeitsmüde aus, und sein Gesicht unter der Dienstmütze schien sich vorwurfsvoll gegen das Auge der Kamera gewandt zu haben.

Unten im Haus war eine Wirtschaft. Man hörte Stimmen und der Wein dunstete zu mir rauf. Es regte mich an, obwohl ich damals noch glaubte, mir Wein nicht leisten zu können. Die Anwohner der Straße kamen und ließen gegen Abend in der Gassenschänke ihre Krüge füllen. Ein kleines Mädchen küßte mir auf dunklem Treppenabsatz die Hand. Ich trug einen schwarzen Russenkittel und auf dem Kopf einen breitrandigen schwarzen Hut. Das kleine Mädchen flüsterte ängstlich Hochwürden. Das gefiel mir. Es

34

beschäftigte mich lange. Die Petrinistraße, vom Petriniplatz ausgehend, war ärmlich und den Bergen nah, die mich schon bei meiner Ankunft als Beschränkung des Horizonts verstört hatten. Ich würde nie hinaufwandern. Petrini, erkundigte ich mich, war der Baumeister der Stift-Haug-Kirche gewesen. Ich umschritt nachts seinen Platz und hoffte, etwas zu erleben. Schließlich sprachen die Bäume mit mir.

Ich bin wiedergekommen, habe den Berg erklommen, wurde hinaufgefahren, habe ein Zimmer in der Steinburg, blicke auf die Stadt hinab, nach fünfzig Jahren, sie liegt noch immer, Kleist entzückte es, wie in einem antiken Theater. Die grünen Rebhänge, die Ränge, manchmal von Schutznetzen überdeckt, blaue Logen. Schüsse aus automatischen Anlagen, die Vögel zu erschrecken, die ihren Teil der Trauben begehren. Es ist die Zeit vor der Lese. Der Tag ringt mit dem Nebel. Auf dem Gleis unten nähert sich ein Zug der Stadt. Es ist die alte vertraute Spielzeugeisenbahn im Schaufenster des Warenhauses vor Weihnachten, die Eisenbahn, die man nicht bekommen hat, der Zug, mit dem man stets im Traum gefahren ist. Der Main glänzt, silbert, bereitet den Nebel vor. Die neununddreißig Türme der Kirchen sonnen sich; stirbt der Papst in Rom, werden all ihre Glocken läuten. Der Klang als Zelt über der Gemeinde und für Minuten die Christenheit des Novalis. Ein Sonnenaufgang im Mai. Ich lag mit einem

Knaben in einem Boot auf dem Strom. Wir konnten oder wollten nicht rudern und trieben dahin. Wir wehrten uns kaum gegen den Wassersturz unter der alten Brücke. Die fränkischen Heiligen waren über uns. Herdrauch des Frühstücks aus rotschwarzen Dachpfannen. Ein Augenblick des Friedens. Die Landschaft kulminiert in der Festung. Ihre Schönheit, ihre Geschichte. Die Festung herrschte mit fester Hand, die den Krummstab hielt. Die Bürger trotzten. Es brachte ihnen nichts und alles: die barocke Stadt, die fürstbischöfliche Residenz, den Pegasus und das Glück des Sommersitzes, des Parks von Veitshöchheim. Die Bauern stürmten den Schloßberg an und starben. Ihre Sensen zerbrachen an den festen Mauern. Florian Geyer trank im freundlichen Hof der Wirtschaft zum Stachel den Wein aus den Kellern der Burg. Leonhard Franks Räuberknaben wurden aus den reifen Trauben vertrieben. Das Grabmal des Fürstbischofs Rudolf von Scherenberg im Dom zeigt das leidende Gesicht des Mannes, der weiß, daß der Mensch böse ist. Dies steht in der Kuppel der Peterskirche geschrieben. Leonhard Frank behauptete 1918 nach Millionen Kriegstoten, der Mensch sei gut. Der Vatikan war weise. Zu Neujahr saß ich im Hotel Schwan und blickte auf das kalte Wasser. Ich trank Wein vom Schloßberg gegenüber oder bildete es mir ein. Den Schwan gibt es nicht mehr. Er wurde zerstört. Sie bauen das alte Hotel an schönster

Stelle nicht wieder auf. Sie bauen ein Warenhaus, als fehle es uns. Von der Brücke ist die Baugrube zu sehen. Grab einer charmanten Silhouette. Und doch empfinde ich mich auf der alten Mainbrücke in Würzburg im Mittelpunkt einer beseelten Welt.

Dem Theater war ich verpflichtet, Theater zu spielen. Ich wollte es nicht. Ich konnte es nicht. Ich übte am frühen Morgen vor dem dunklen Zuschauerraum. Ich genügte mir nicht. Ich wollte etwas leisten, etwas hinstellen, ich wollte ein Drama inszenieren, jedoch nicht mich. Mein Verhältnis zu den Zuschauern war gestört. Ich wollte sie nicht unterhalten. Ich dachte, sie zu provozieren. Man gab mir die Rolle des jungen Grafen in den »Soldaten« von Lenz. Ich schrieb als Dramaturg einen Artikel über Lenz und das Stück für eine Würzburger Zeitung und stand steif und unwillig auf der Bühne. Ich ging in die Trainingsstunden der Ballettmeisterin, einer Schülerin der Mary Wigman, ich vollbrachte große Sprünge und seltsame Verrenkungen zu ihrem Spaß, fügte mich aber nicht in die Gruppe zum Tanz. Ich korrespondierte aus dem Theaterbüro mit Dichtern wie Hans Henny Jahnn, die ich, aber nicht der Intendant aufführen wollte. Ich gab jungen Poeten Hoffnung, die ich nicht erfüllen konnte. Ich schrieb im Programmheft einen Nachruf auf Siegfried Jacobsohn, dem ersten Herausgeber der »Weltbühne« und einen Artikel gegen das »Schund- und

Schmutzgesetz«, einen Versuch der Zensur, und beides wurde auf Betreiben des Stadtrats aus dem Verkehr gezogen und eingestampft. Es war eine schöne Zeit. Ich dachte, nach dem Ende der Spielzeit zu Piscator nach Berlin zu gehen, der Brecht und Toller aufführte, aber Hans Henny Jahnn spielte er nicht.

Auch mich tröstete da über so viel Mißerfolge der vermummte Herr. Er verkehrte im Theaterkaffee, kannte uns alle, lieh fünf oder zehn Mark, wenn wir sie brauchten. Ihm gehörte ein uraltes schönes Haus mit viel Holz in einer engen Gasse. Er hatte die Regale voll von Büchern, viel Theologisches und Urdeutsches. Ich versuchte, das Mönchslatein zu lernen. Er half mir. Er hatte eine Haushälterin, die vorzüglich kochte. Er hielt alle Zeitschriften, die mich interessierten. Er war wohlhabend, ein Frontoffizier von 1914. Sein Stahlhelm lag zerbeult auf einem Ehrenplatz. Er schätzte Ernst Jünger und das Buch »In Stahlgewittern«. Er stellte Geschichte vor und deutete sie auf seine Weise. Er war für Herrschaft. Er führte mich durch die Residenz. Ich hatte an ein großes Pfarrhaus gedacht, und er zeigte mir eine Hofhaltung. Dörfer waren von den Fürstbischöfen dienstverpflichtet worden, den stolzen Bau zu errichten. Sie wurden mit Wein entlohnt. Der Wein in den Kellern des Marienbergs, der Universität, dann der Residenz war die eigentliche Währung des Landes. Es gab wenig Geld. Alle waren arm. Bis auf die Reichen.

Er billigte das. Fast zerstritten wir uns. Ich sah ihn wieder im ersten Jahr des Nationalsozialismus, bei einem zufälligen Aufenthalt. Er schritt über den weiten leeren Platz vor der Residenz, kam vorsichtig auf mich zu, hob den Arm ganz steif gestreckt, schmetterte ein markiges Heil Hitler, sah sich ängstlich um, zog den Kopf, der den Stahlhelm getragen hatte, ein und flüsterte und verschwand.

Da sitzen sie, etwas komisch, die Würzburger Großen auf dem Sockel des Franconia-Brunnens, Walther von der Vogelweide, Tilman Riemenschneider, Matthias Grünewald, jeder eine große Welt für sich. Und wo ist Balthasar Neumann? Er ist in seinem Haus, hinter dem Brunnen, an dem man sich verabredet, ihn zu besuchen. Sein Grabstein ist in der Marienkapelle an einem Pfeiler versteckt, einfach, schlicht. Sie strömen in das Haus, in die Halle, unter Tiepolos Zelt, magische Farben, Seide, wandern in den Garten, hoffentlich ist der Himmel klar, die Sommernacht warm, das Fest ist auch schön, wenn es regnet, auf einer Bank, vom Altherrnverband der Studenten gestiftet, noch von Gesimsen des Schlosses geschützt, der Einsame. Musik klingt aus den offenen Türen des Saals, erfüllt die Felsenbucht, den Nymphenhain, Jugend sitzt auf den Steinstufen der geschwungenen Treppe, deren jede eine Bühne ist, Duft von den Hecken, der Atem der Bäume, dies alles kostenlos, soweit man im Freien bleibt,

Würzburg erhebt sich, ehrt sich mit einem, der nicht der Ihre ist, doch für wen hätte Mozart seine Noten schreiben dürfen, wenn nicht für diesen Abend?

Beinahe hätte das Fest nie mehr geschehen können, beinahe wäre der Tempel vernichtet worden, vom Krieg verschlungen, in einem Inferno zerstört, wie die gepeinigte Stadt, es ist ein Wunder, daß es Würzburg wieder gibt, es ist ein Wunder, daß in der Residenz kaum noch Wunden zu sehen sind, die der Angriff hier geschlagen hatte, es ist alles wieder hergerichtet, in seine alte Ordnung gebracht, die Säle, die Gänge, alle Räume, von kunstsinnigen Handwerkern, die es kaum noch gibt. Die Fenster, die Tapeten, die Böden, die Öfen sind wieder zu dem einmaligen Ensemble vereint und empfangen märchengleich den entzückten Besucher. Der Überschwang ist mit Maß gebändigt, der kühne Einfall vom Kunstverstand, von Kennerschaft kontrolliert, es waren noch Hände da, als die Schöpfungen der Ahnenhände zertrümmert lagen, es triumphierte wieder der Mensch, die Kultur, die von den Griechen kam und noch weiter her.

Im Keller der Residenz der Wein, der den Bau ermöglichte, begleitete, ja heute noch wirtschaftlich trägt. Die alten Fässer aus Holz, Jahrhundertweine fortgepflanzt. Mir klopft das Herz. Ich mag den Wein dieser Stadt, dieser Landschaft. Doch die Kellermeister, die den

40

Wein wie ich lieben, sagen, er werde in den modernen Bottichen aus Stahl und Stein nicht weniger gut. Ist Chemie im Spiel? Eine falsche Marktpflege? Dieses scheußliche Süßlichhalten des Saftes, der den deutschen Wein einzig unter den Weinen macht, einheitlich, gleich fad schmeckend, mild? Die Kellermeister sagen nein. In der Residenz wollen sie sich freihalten von dem Unsinn der manipulierten Spätlesen, wollen fränkisch trocken bleiben, vier Gramm Restzucker im Liter, das mag angehen, an der Mosel nennen sie den Wein oft mit neun Gramm noch trocken. Wer den Frankenwein kennt, wünscht keine Limonade. Es ist an den Rebhängen viel getan und bereinigt worden, den Ertrag zu mehren, der Liebhaber schmeckt es. Der Wein wird dünn. Edle Namen geraten ins Abseits. Neue Rebsorten werden probiert. Ich lobe mir den Silvaner und den Riesling und neuerdings die Rotweine, die selten sind, ein kräftiger Schluck, der hoffentlich nicht in Mode kommt. Aus dem Keller riecht es nach dem Federweißen, dem frisch gepreßten Traubensaft. Der Geruch führt den Besucher der Schloßkapelle in Versuchung. Die Kapelle ist so prächtig, so reich, ein üppiges Farbenspiel, ein schon kulinarischer Genuß, daß man zweifelt, ob dort ein Bischof betete oder immer ein Fürst, der Herzog von Franken, der sich ins Grab stellte mit dem Schwert auf der Brust. Die frischen Trauben kommen auf Lastwagen und werden in die Kellerluken geschüttet. Sie kommen aus dem ganzen Rebland, nicht nur aus den berühmten Lagen um Würzburg. Sie sind grün und von Regen feucht an diesem Tag. Es ist ein eigentlich roher Vorgang. Gleich werden sie gepreßt. Sehr kleine Trauben. Etwas schmutzig. Die Preßbottiche lassen an eine Weinfabrik denken. Traubenblut näßt den Boden, quietscht unter den Gummistiefeln der Kellerarbeiter. Überall Nässe. Der Saft spritzt aus langen Schläuchen. In einem Jahr mit viel Wein wurde er auch schon durch Feuerwehrschläuche gelenkt. Im Keller der Residenz geschieht alles in großer Tradition. Schließlich werden doch noch die Holzfässer voll. Dort ruht und reift er dann. Der Kellermeister möchte nicht, daß er zu früh getrunken wird. Er horcht an dem Faß. Für ihn lebt der Wein. Sein Kollege in der Winzergenossenschaft sieht es anders. Er denkt an die Vermarktung und daß er Direktor der Genossenschaft bleiben möchte. Das Haus liegt vor einem der alte großen Weinberge, dicht am Main, in herrlicher Lage. Das Haus sieht aber nun wirklich wie eine kleine chemische Fabrik aus, außen und innen. Der Herr des Weins ist Naturwissenschaftler und seine Rede gespickt mit Begriffen aus der Biochemie, der Agrarwissenschaft und der Gärungskunde. Er genießt den Wein über eine Formel, die ihm Recht gibt. Er war für den in Grenzen süß gehaltenen Wein und nur um mir zu gefallen, gab er zu, daß sie auch trockene

42

Sorten hätten. Er meint, die Kundschaft wolle den herben Wein nicht. Er sagt, sie nennen ihn Rhabarber. In Würzburg spricht man besser über den Wein. In jedem Herbst wird er von beinahe jedermann geprüft. Wie wird er diesmal werden? Holt er noch auf? Wird er sich ausbauen? Zahlen eines Herrn Oechsle werden in die Debatte geworfen. 1927 gab es noch die Bäcker, die eigenen Wein hatten und in ihrem Brotladen ausschenkten. Ich kannte einen in der Semmelstraße. Er lag an meinem Weg von meinem Zimmer zum Theater. Sein Wein war gut. Der Zucker kam in des Bäckers Kuchen. Ich fand diesen Laden nicht mehr.

Das alte Theater ist im Feuer verschwunden. Irgendwann hatten dort Kastraten gesungen. Ich erinnere mich an Logen, Ränge, Plüsch und Staub, einen Baldachin, und wir, die wir damals jung waren und dort Theater spielten, hatten das alles wegblasen wollen, manchmal, wir träumten von einer Theatermaschine nach Tairoff. Entfesseltes Theater. Das neue ist ein moderner, sachlicher Theaterbau. Sicher wäre die Maschinerie in der Lage, Entfesselungen zu vollziehen. An welchem Objekt? Das Haus riecht frisch. Die Vorstellung ist ausverkauft. Alle sind ordentlich angezogen. Von jedem Platz ist die Sicht gut. Die Bürger sind mit ihrem Theater zufrieden. Man spielt das »Leben des Galilei« von Brecht. Dieser Brecht ist ein Klassiker. Der Brecht des »Baal« und der »Trommeln in der Nacht« war ein Ärgernis. Vielleicht ist »Die verlorene Ehre der Katharina Blum« heute manchen ein Ärgernis. Sie spielen das Stück von Böll auch. An einem andern Tag. Ich konnte es nicht sehen. Beim Galilei ist der Kampf um ein neues Weltbild aufregend undramatisch für Aufgeklärte, die allmählich jedes Weltbild anzweifeln, selbst das des Galilei und Kopernikus. Wie, wenn die geistlichen Herren sich zu Recht gefürchtet hätten, der Erde den hervorragenden Rang in der Schöpfung zu nehmen? Der dramaturgische Bezug auf das Atom beunruhigt in Wahrheit keinen. Die Gefahr ist die Verordnung einer Weltansicht von oben. Das alte Übel heißt Intoleranz.

Vor dem Theater war Nebel. Das neue, kühle, technisch perfekte Haus verschwand in der Nacht wie das alte verschwunden war mit seiner Erinnerung an singende Kastraten. Der Prinz von Toscana wohnt nicht mehr in der Stadt. Der Bischof gibt keine Feste. Die Straßen waren menschenleer. Ein großer Lichtwürfel überraschte in der gedämpften Welt. Es war der Glaspalast einer Sparkasse. Arbeitet das Geld, wenn seine Untertanen schlafen? Waren Computer zu dieser Stunde bereit, mir Anweisungen auszuschreiben, auch wenn ich kein Konto bei ihnen hatte? Im Bürgerspital war die Tür noch offen. Die Weinstube ist gerade renoviert worden. Schon war sie überfüllt. Ich hatte die freundliche Vorstellung, daß sie alle sich freuten, mit ihrem

Trinken den guten Wein, laut den Regeln der alten Stiftung, den Spitalinsassen spendieren zu können. Ich finde es gut, daß es eine Stadt gibt, die dafür sorgt, daß ihre armen Alten ihren täglichen Schoppen bekommen. Auf Lebenszeit.

Am Morgen war Würzburg, vom Steinberg aus gesehen, verschwunden. Es war im Maintal untergegangen. So dicht war der Nebel. Unheimlich und sinnlos hallten die Schüsse der automatischen Anlagen, die die Trauben vor den Vögeln schützen sollten. Der Nebel löste sich aber schnell auf, wurde fröhlichgrau. Bald brach die Sonne durch. Wieder fuhr die Spielzeugeisenbahn unten am Main entlang. Zu Geschäften nach Frankfurt? Zu Besinnung ins Kloster Himmelspforten? Nach Veitshöchheim!

Der Park ist für mich der große Glanz der gefürsteten Gottesdiener, das Paradies der Bischöfe. Wovon erholten sie sich? Wieder hallten Schüsse; diesmal abgegeben von Soldaten, die in der Nähe des Zauberparks den Krieg übten. Die hohen Hecken sind geschaffen zu verbergen. Die elegante Hofgesellschaft oder die frommen Pilger zu ihrem Hirten waren immer auf anderen Wegen, jeder auf seinem, dem Nächsten unsichtbar. Die Hecken im Herbst riechen nach altem Friedhof. Doch in ein freundliches Verhältnis gebracht, waren hier die Lebenden und die Toten. Die Todesfurcht wurde zum Spiel in diesem Park. Vielleicht konnte man entlaufen, möglicherweise gab es ein Versteck. Glaube, Magie und Komödie. Gott ein Verkleidungskünstler. Putten mit Priesterhüten, Wandererhüten, Schäferhüten. Eine Diana mit abgeschlagenem Kopf. Ihrem Hund fehlt die halbe Schnauze. Ein zartes springendes Böcklein hebt sich zu einem Knaben. Ich streichelte das Böcklein, streichelte den Knaben. Alles ringsum gestellt zur Freude des Schloßherrn, den es nicht gibt. Der Rokokoakt hat die Frivolität vergeistigt. Der Leib, der schöne Leib wird nicht leiblich begehrt. Die Humanität rechtfertigt sich aus der Antike. Der Christ hier hat die Philosophen gelesen und spricht Griechisch und Lateinisch. Der Kult ist ästhetisch und vergißt den Sozialauftrag der Lehre. Als die Religion sich vom Hebräischen lossagte, in die Weltsprachen ging, verzichtete sich auf die Strenge des alten Jehova. In der Mitte des Parks der Pegasusbrunnen. Es ergriff mich, ihn wiederzusehen. Der Dichter erhebt sich zu Pferd über die Kunstlandschaft. Er erhöht sie. Er zaubert ihr Gedanken, die sie gar nicht hat. An den Teichzugängen Fische von Steinmetzen geschaffen und übereinandergelegt. Sehr breite Fische mit großen Schuppen. Karpfen, Brassen, vielleicht der Butt der Brüder Grimm oder schon des Günter Grass. Doch dieser Fisch soll nicht gegessen werden, er hat Lust zu schenken, Lust zu göttlicher Deutung des Lebens, Überwindung des Todes durch Freude. Der Kopf des wundgeschossenen Ebers

46

ist mit einem Kranz geschmückt. Zwei Löwen halten das Wappen des Bischofs hoch. Was konnte dem Fürsten passieren? Fabelwesen, Schildkröten, bratfertige Enten, Leviathane zu seinen Füßen. Der Freßgenuß verwandelte sich in die Lieblichkeit der Kunst. Als ich in Würzburg am Theater war, wurde in diesem Park ein Film gedreht, »Der Student von Prag«. Das ganze Theater machte Statisterie und fand es ein Ereignis. Wir gingen in Kleidern aus dem Fundus die Wege der hohen geistlichen Herrn und beäugten den großen Schauspieler Conrad Veidt. Es war ungeheuer komisch. Dann war ich mit einem Mädchen hier, allein in der Laube einer Nymphe. Da erschloß sich mir der Park. Heute sehe ich ihn als eine erotische Bemühung, den Tod zu ertragen.

Am Abend die untergehende Sonne. Von Würzburg fortwandernd, rot, rund, japanisch, fremd, unheimlich über Fluß und Tal und Weinberge. Weinberge auf einmal wieder üppig grün. Die Trauben am Steinberg unter blauen Netzen. Allmählich vergeht dann alle Landschaft sanft und zugleich unerbittlich wieder in den weißen Schwaden des Nebels.

Die kleinen Mainfische waren das Gericht der armen Leute im alten Mainviertel des Leonhard Frank. Das Viertel wurde zerstört, und es ist nicht gelungen, es wieder aufzubauen. Es fehlt ihm wohl die enge Wärme. Das ist wie mit den Hafenkneipen von Rotterdam. Sie sind jetzt so

neu und sauber. Wer mag sich dort betrinken?
Die kleinen Mainfische in Würzburg sind nun
selten und eine Delikatesse geworden. Sie werden von den Reichen und auf Spesen gegessen
in einem, zugegeben, vorzüglichen und sehr teue-
ren Restaurant. Auch die Kapelle über diesem
Viertel, das Käppele lud besonders die Armen zu
Bittgängen ein. Viele rutschten auf ihren Knien
die hundert oder mehr Stufen hinauf. Dort wurden sie in einem sehr reichen Saal empfangen.
Gott lud sie vornehm ein. Die Bitte, die der Pilger vorbringen wollte, wurde fast gleichgültig
und beschämte in einer Welt, die so mit dem
Himmel verbunden und in Ordnung war. Auch
auf der Terrasse widerfährt dem Wanderer das
Wunder. Es ist einfach Glück, in diese Landschaft zu blicken, auf diese Stadt, ihren Fluß und
den Wein, der sie umwächst. Vielleicht waren die
Engel des Heinrich von Kleist keine Täuschung,
wie er dann meinte. Er blieb nur nicht in Würzburg. Er suchte einen anderen Engel.

Gehalten am 1.12.1978 im Studio Nürnberg des BR

48

Umwege zu Wagner

Ich mochte Wagner nicht, ich weiß nicht warum. Es hing mit der Musik zusammen. Ich wuchs in einem sehr unmusikalischen Haushalt auf. Als ich zu Weihnachten mir eine Gitarre gewünscht und bekommen hatte, schimpften gleich alle über den unerträglichen Lärm.

Bürgerliche Leute hatten in meiner Jugend unter dem Klavier zu leiden. Zu jeder Familie, die etwas auf sich hielt, gab es in der Wohnung ein Pianoforte oder gar einen Flügel. Der Flügel war ein teures Stück mit einem honorigen Namen. Er glänzte schwarz im Salon, einem eigentlich unnützen Raum, und wartete auf einen Menschen, der ihn mit Händen und Füßen zum Tönen bringen könnte. Wir hatten auf diese Versuchung verzichtet, Rubinstein wäre doch nicht gekommen, doch neben uns wohnten zwei Schwestern, Lehrerinnen an der höheren Mädchenschule der Stadt, überzeugte Junggesellinnen, vielleicht Frauenrechtlerinnen, soweit es sie schon gab, bemerkenswerte Leute in Ortelsburg in Masuren. In den Sommerferien reisten die Schwestern nach Salzburg und kamen mit Gläsern voll buntem Salz aus den Salzgruben von Salzburg zurück. Die Gläser häuften sich mit den Jahren und beschwerten immer mehr den Deckel ihres Flügels. Eine Reise von Ostpreußen nach Salzburg war damals so imagefördernd wie heute ein Flug nach Tokio. Die Schwestern waren außerdem vorzügliche Schlittschuhläuferinnen, ja wahre Künstlerinnen auf dem Eis. Der im rauhen Klima von November bis April zugefrorene Haussee war ihr Naturtheater. Alle standen herum und bewunderten sie sehr. Ihre kühnen Sprünge, fliegenden Bögen, hoben sie weit über ihren Stand als Lehrerinnen hinaus. Jede Saison brachen Zuschauer im Eis ein und ertranken. Die Fischer aus dem Beutnerdorf hatten heimtückische Wunden in die Eisdecke geschlagen. Die Fischer waren arme, der Kunst ferne Leute. Sie holten rotmäulige Brassen und winzigkleine Stinte kiloweise aus dem Winterschlaf des Sees. Beim Abendessen hörten wir die Schwestern vierhändig mit ihrem Flügel kommunizieren. Masuren lag unter Schnee. Die Scheiben der Fenster waren hochgefroren. Im Weltkrieg eins flackerte verlöschend das städtische Gas in den trüben Lampen, die kleinen Stinten aus dem See waren gebraten zu einem Prachtgericht geworden, und jemand von uns sagte verbittert »Wagner«. Dieser Fluch galt der Musik von nebenan. Es war aber gar nicht Wagner, der uns beim Abendessen bedrängte. Wagner war ein Modewort für musikalische Störungen. In den Zeitungen, die in der Provinz gelesen wurden, galt er als polternder Altdeutscher oder verruchter Neutöner, dem Wahnsinn nahe. Wahrscheinlich war er beides. Ich hätte mich mit dem revolutionären Barrikadenstreiter, dem Umstürzler der hergebrachten Regel der Musik befreunden können, wenn mir Musik und die Gesetze der

Komposition erklärt worden wären. Ich ging zu den klavierspielenden und eislaufenden Schwestern, den bewunderten und ihrer Ehelosigkeit wegen dem Stadtklatsch ständig ausgesetzten Lehrerinnen, und bat sie, mir von Wagner, diesem tollen Mann, zu erzählen. Zu meiner Verblüffung erklärten die begabten Damen, Wagner nicht zu lieben und ihn nie zu spielen. Sie übten Mozart und verehrten einen Polen, Chopin, dessen Trauermarsch sie vierhändig freudig erregte. Sie wiesen mich mit deutlicher Verachtung an den Turnlehrer der Volksschule, vernarrt in den Kaisermarsch, den Kaisermarsch Wagners. Dort bei dem Turnlehrer sah ich ihn dann, den Künstler, das Genie, den Verrückten, dort fand ich ihn, einen weißen, angeschmutzten Gipskopf auf dem hohen Rücken des Pianoforte. Auch zwei Ritter waren auf die Empore des Klaviers gestellt und schauten grimmig aus den Augenschlitzen ihrer Rüstung. Der Turnlehrer war stolz auf diese Ausstellung deutscher Kunst, sah in mir einen Jünger, sprach von deutscher Musik, die nicht für verantwortungslose Schöngeister und, mit deutlicher Anspielung auf seine Kolleginnen, haltlose Weiber sei. Der aufrechte deutsche Mann, berühmt für seine Klimmzüge am Reck und nun noch musikenthusiastisch, war mir zuwider. Er schlug auf sein Piano ein, daß ich fürchtete, es würde zerbrechen. Ich lauschte von da an mit würdiger Ergriffenheit und Freude dem in unser Eßzimmer sanft rieselnden

Mozartspiel der so vielseitig begabten und ehrgeizigen Schwester.

Ich war nicht mehr in Ostpreußen, ich studierte in Pommern. Greifswald hat eine Universität und ein Stadttheater. Der Intendant des Theaters war ein Sänger, der nicht mehr sang. Sein verstummter Tenor hatte aber einst in Brüssel bei einem Wettsingen eine goldene Uhr gewonnen, die der Meister stolz an der eisernen Kette der Kriegshilfe »Gold gab ich für Eisen« trug und gern jedermann zeigte. Ich wollte, achtzehnjährig, an seinem Theater Regie führen. Er inszenierte die Oper, ich dachte an das Schauspiel. Schließlich nahm er mich als Regieassistenten, und ich mußte machtlos zusehen, wie er sich sein Bühnenweihfestspiel aus Pappe, Leinwand und Leim baute. Die Stars waren reisende Sänger, arm, dem Ruhestand nahe, den Chor bildeten Professoren und Studenten der Universität. Das Spiel ereignete sich im freien Bogen eines deutschen Waldes. Ich stand als Herold des Lohengrin mit einem Stab in der Hand stundenlang auf der Bühne und sah den Ritter wacklig ankommen und abreisen auf einem Schwan, der auf Rollen über die Szene gezogen wurde. Greifswald war stolz auf diese Aufführung. Unter den singenden Akademikern des Chors bemerkte ich meinen Germanistikprofessor. Er war deutschnational, wie sie alle, und belehrte mich vor dem Aufgehen des Vorhangs, daß an Wagner die Welt genesen soll.

54

Mir begegnete dann Wagner, wo ich ihm zu begegnen nicht erwartet hatte. Ich fand beim Studium Baudelaires in seinen gesammelten Werken den Essay aus dem Jahre 1881, in dem er nach den Unruhen um die erste Aufführung des Tannhäuser in Paris gegen den einflußreichen Jockeyclub und für den deutschen Tonsetzer Partei nahm. Die Mitglieder des Clubs fürchteten für ihr Vergnügen. Sie vermißten bei Wagner ihre Ballettratten, die sie nach dem Abendmahl und Kunstgenuß wie gewohnt ins Séparée nehmen wollten. Baudelaire verteidigte Wagner, als ginge es um die eigenen »Blumen des Bösen« und die Vorwürfe, die angebliche Moralisten gegen sie erheben. Paris war die Hauptstadt der Musik, und es sprach für diese Stellung, daß sich das Pariser Publikum so engagiert für oder gegen die Oper eines Ausländers erheben konnte. Mich machte die Leidenschaft meines verehrten Baudelaire für Wagner betroffen. Es wurde in seinem Essay deutlich, daß seine Sensibilität in Wagner eine verwandte Seele gefunden zu haben glaubte. Der berühmte und verfehmte französische Dekadent umarmte in seiner Verteidigungsschrift den deutschen Richard Wagner und stellte ihn neben sich in eine Weltkunst der Zukunft. Baudelaire schwärmte. »Tannhäuser stellte den Kampf der zwei Prinzipien dar, die das menschliche Herz zu ihrem Hauptschlachtfeld erwählt haben, das heißt des Fleisches mit dem Geiste, der Hölle mit dem Himmel, Satans mit Gott.« Das war Faust, der Tragödie erster Teil, und klingt für deutsche Ohren klassisch und ehrbar. Aber in der Sicht des französischen Dichters, jedenfalls las ich es so, siegte bei Wagner die Sinnenlust. »Wie aber das innerste Gottesempfinden in jedem Gewissen bald in den Gelüsten des Fleisches untergeht, so erstickt auch der Gesang, der die Heiligkeit vertritt, langsam in den Seufzern der Wollust. Die wahre, furchtbare, überall herrschende Venus spricht schon jetzt zu jeder Phantasie. Wer die fabelhafte Tannhäuser-Ouvertüre noch nicht gehört hat, stelle sich darunter nicht etwa den Gesang eines Liebespärchens vor, das die Zeit in der Geisblattlaube totzuschlagen versucht . . . Es handelt sich hier um anderes: Echteres und Unheimlicheres. Sanftes Schmachten, von Fieber und Angstanfällen zerrissene Wonnen, Lust in immer neuen Anstürmen, die trotz aller Verheißungen niemals die Begierde stillt, Wahnsinnszuckungen von Herz und Sinnen, die Tyrannei des Fleisches – was immer durch den Klang die Vorstellung der Liebe weckt, wird hier zu Tönen«.

Nach dieser unerhörten, kaum zu glaubenden Huldigung Baudelaires war Wagner, der Kapellmeister, der Komponist, Mitstreiter der gescheiterten, von Beginn an chancenlosen Revolution von 1848 und Flüchtling aus dem Königreich Sachsen, zum Erzengel der europäischen und bald auch amerikanischen Avantgarde geworden. Sein Ruhm war in Paris und international emporgestiegen und konnte auch in Deutschland nicht mehr zerredet werden. Wagner zeigte sich, wie oft in seinem Leben, undankbar. Er erinnerte sich wütend und mit viel Vorwürfen alter Hungerjahre in Paris, schmähte den Pariser Kulturbetrieb en bloc, verleumdete Meyerbeer, der ihm als Kollege und Bewunderer geholfen hatte, es war der Haß der Dankbarkeitsverpflichtung, und er vergaß den Tag des Triumphes.

Um Wagner zu finden, reiste ich nach Bayreuth. Ich war fasziniert von seinem Leben, von diesem in seinen Tiefen und Höhen groß und klein glänzenden, immer absonderlichen, gänzlich unbürgerlichen, extrem egoistischen, frechen Leben, voll Verachtung der Konventionen, der Gesellschaft, in der er lebte.

Ich kam auf meiner ersten Reise nach Bayreuth nicht zur Saison, nicht zur Zeit der Festspiele, der alljährlichen Verwandlung der Stadt. Ich wollte den Ort erleben, wie Wagner ihn gesehen und in Besitz genommen hatte. Am Bahnhof angekommen, ins Hotel gegangen, bedrückte mich Provinz. Ich verachtete sie nicht, vieles blüht aus ihr, aber hier war sie penetrant. Die Herabsetzung in dem Wort Provinz erfüllte sich hier im ersten Augenschein. Geschäftigkeit, Anpassungsfähigkeit, Konkurrenzwunsch einer Mittelstadt. Keine verwunschene Stätte, nicht im Bann eines verdammten Zauberers, keine Märchengassen aus uralter Zeit. Der erste Eindruck, ein eintöniger Tag, der sich immerfort wiederholen würde. Als Richard Wagner, dachte ich mir, wäre ich sofort wieder abgereist. Meine Position war gut, der Bayerische König liebte Musik und mich mit offener Hand. Selbst dem Volkszorn trotzend, bot er mir sein schönes Land wie eine Morgengabe. Als er ein Festspielhaus, allein für mein Werk bauen wollte, grollte ich, doch warum nicht in München, nicht in den Voralpen, am tiefen unheimlichen Königsee, alle, die ich zu verzaubern vermochte, wären ja auch dorthin gekommen, die Majestät voran, ich hätte Bayreuth den Rücken gekehrt. Und Ludwig zwei erschien ja dann auch nicht zur großen Premiere in Bayreuth.

Wagner nachtwandelte, er hat sich hingetastet, er hat geahnt, gefühlt, daß dieses auf den ersten Blick so gewöhnliche Bayreuth ein verwaister Olymp war. Bayreuth suchte seinen Jupiter.

Es hatte eine Göttin in Bayreuth gegeben, die Markgräfin Friederike Sophie Wilhelmine, eine preußische Prinzessin, Schwester des preußischen Königs Friedrich zwei, den man den Großen nennt, durch Heirat verschlagen auf ein Feld ohne Ehrgeiz. Sie war schon hundert Jahre tot, als ein französischer Literaturkritiker, der strenge Sainte-Beuve, Freund von Flaubert und Zola, sie entdeckte und ihr Geist ihn entzückte. Er nannte ihre Memoiren, die französisch geschriebenen »Denkwürdigkeiten aus dem Leben

58

der königlich preußischen Prinzessin Friederike Sophie Wilhelmine von 1706 – 1742« intelligent und witzig, lobte ihr glänzendes Gedächtnis und fand sie eine schöne Seele, geschaffen für die Tugend. Wilhelmine hatte Einfälle und Stil, sie war unbefriedigt, baute eine Eremitage vor ihrer kleinen Residenzstadt, kein Altersheim für verdiente Geistliche und Gelehrte, mehr ein Park für Genießer und Lebensfreude, nicht ohne Zynismus gesehen, sich der Bedeutung von Laszivitäten für die Wahrheit einer Geschichte und der Geschichte überhaupt bewußt. Mit Voltaire trieb sie ein Versteckspiel im Irrgarten des Parks, erfand Theaterszenen, rief sich mit Voltaire gegen einen Gewittersturm Verse Racines zu, schalt den großen Freund Voltaire undankbar und setzte seine Büste auf das Grab ihres Lieblingshundes. Voltaire aber trauerte echt, als die Markgräfin begraben wurde. Er schrieb der Freundin einen Totenspruch: »Die hier ruht, verstand zu lieben«. Der Spruch wurde nicht gebraucht.

Ich bewunderte bei meiner ersten Stadtbesichtigung das Hoftheater, auch dies ein Bau der genialen Wilhelmine, Barock und ein intimer Zuschauerraum mit goldenen Rängen. Auf dem Dach des Hauses spielen die Musen. Man richtete Opern ein und förderte das Ballett. Tänzer, Dirigenten, Gaukler aller Art kamen aus Paris und Italien. Wer freute sich da? Die Hofgesellschaft, selber gaukelhaft, sie spielte ihre Rolle.

Ich glaubte, Kutschen zu sehen, die am Abend vorfuhren. Man blieb unter sich. Das Land war arm, verschuldet. Die Bevölkerung leistete Frondienste für Freuden, die sie nicht suchte.

Wagner ging an dem schönen alten Hoftheater vorbei, er renovierte es nicht mit seinem Ruhm. War das Haus nicht groß genug, stand es nicht erhaben erhoben auf einem grünen Hügel, bot es keinen Auftritt für den Gott aus der Maschine? Der Sonnenwagen des Apoll wartete in der Eremitage. Wagner stieg nicht auf. Er war der neue Mensch. Er baute eine moderne Musikwerkstatt, vielleicht sogar eine moralische Anstalt nach seinem Sinn und erwartete viele. Breite Wege führen auf den Berg. Erst das Automobil nützte sie. Vorausgesehen? Wagner bot eine Technik für Dramen, die Erfolg hatten, weil man sie für alte Märchen, heilige Volkssagen, Wegweiser in die Zukunft, gar für romantisch hielt.

Von Baudelaire eingewiesen, versuchte ich Wagner zu lieben. Doch stellte sich gegen meinen guten Willen Wagners enttäuschter, sich von ihm abwendender Freund, Nietzsche. Der Philosoph zweifelte an Richard Wagners Moral. Wagner selbst förderte Ablehnung in seinen vielen Schriften zu sämtlichen Kunst- und Weltfragen, ein schreibender Janus, der mal leidenschaftlich vorwärts, noch ungestümer rückwärts ging. Er strebte eine Erlösung nach Maß in dem historisch absurden Verlangen nach einem arischen Christus an, er beschwor den Himmel, an den er nicht glaubte, und wünschte die Hölle herbei. Er spielte mit einem Feuer, das später in Auschwitz brannte; er zündete ein Theater mit Zuschauern des Nathan des Weisen an. Natürlich im Geist, ein schwankender Charakter, doch immer auf der Jagd nach seinem Nutzen. Als Künstler sein Leben lang angegriffen, bedrängt und verspottet, baute er geschickt und anscheinend unbeirrt seinen Ruhm. Er stützte sich, wohl Böses ahnend, fürchtend, glaubend, verachtend, auf die deutschen Nationalsozialisten, tüchtige, weltliche Banausen, die das Bismarckreich noch nicht verdaut hatten, und andererseits ergab er sich mit Vorbehalt dem bayerischen König, Schwärmer und Freund, dem Musik gar nicht kühn und zukünftig genug sein konnte, der den Bismarck haßte, das Märchen suchte, den Traum und nicht ein großdeutsches Reich in einer Welt des Handels, der Kriegsflotte und der Eifersucht, der mächtigste Staat zu sein. Ich sah leider wieder Wagner als den Barden eines Germanentums der Lächerlichkeit. Überdies entbehrte sein Walhall den Charme der griechischen Mythologie. Wagner, meine ich, steht da mehr im Spannungsfeld des amerikanischen Kriminalfilms. Wagners fanatische Anhänger, die ich in Theatern und in der Welt beobachtete, waren für mich Wagners wahre Feinde. Sie eiferten sich in völlig anderen Empfindungen als Baudelaire, den sie nicht kannten, und, wenn sie ihn gekannt, nicht gemocht hätten. Baudelaire und das deutsche Publikum sahen nicht die gleichen Stücke. Die Deutschen begeisterten sich an ihren Vorfahren aus manipulierten Texten germanischer Heldensagen des Minnesangs, sie sperrten sich gegen tödliche Liebesdramen und Sexualtragödien, die schon anstanden für die Couch des Psychoanalytikers. Theaterabonnenten, die Strindberg und Wedekind und die gesamte junge Literatur als zersetzende, familienschädliche Pornographie ablehnten, ließen sich von Ritterrüstungen täuschen. Ich habe Aufführungen Wagners gesehen, die ein einziges altdeutsches Waldesrauschen sein sollten, eine dörfliche Kunst fast, angeregt, geduldet von Wagner, der sich für den Modernsten hielt, und es war. Als die Nationalsozialisten sich Wagner aneigneten, liefen sie in eine wie für sie aufgestellte Falle, verirrten sich in Wagners Wald bis zum Kampf um Berlin. Daß Hitler nach Schriften des Antisemiten Wagner ihn zu seinem Johannes den Täufer erhob, beweist nur die Ahnungslosigkeit der Nationalsozialisten von der Welt, in der sie und leider mit uns lebten. Sie hielten Wagner für einen Baumeister ihres großdeutschen Reiches. Sie übersahen, daß er ein Künstler, ein Proteus der Wandlung und der üppig wuchernden Ideen, überhaupt kein aufbauender Mensch war. Aufgerufen war er für Vernichtung, er bezeichnete sich gern als einen Weltzerstörer. Vielleicht

62

trafen sich Wagner und Hitler tatsächlich in der Lust am Untergang. Für Wagner war der Gedanke am Untergang ein Spiel, für Hitler ein dumpfes Brüten mit pathetischen Ausbrüchen. Die Lust am Untergang bleibt nur für Ästheten rein, ist immer eine feinsinnige Passion von Nichttätern: Thomas Mann, andere gebildete Schöngeister, jüdische Kinder der deutschen Universität, überließen sich vor der deutschen Katastrophe und Schmach dieser Wollust im Opernsessel und waren echtere Wagnerianer als die Deutschnationalen, die in Wagners Mordgesellen ihre Ahnen sahen.

Begrabene Ahnen, Blumen auf ihre Ruhestätte, bis der Erwecker kam. Ein unvorhergesehenes Ereignis. Wagner ließ viel Blut in die Kulissen fließen, aber er war kein Blut-und-Boden-Autor primitiver Glaubenssätze. Doch täuschten seine Verse den kleinen Verstand und langweilten die auch nicht klugen Gescheiten. Ich erkannte das zu spät. Die Deutschtümelei mit Wagner hatte mir das Auge und das Ohr für ihn getrübt. Erst nach der Diktatur, an der der mißverstandene Wagner nicht unschuldig war, als der Wald und Waldesangst und Waldeslust im Festspielhaus zu Bayreuth einem klareren Bühnenbild wichen, wurde ein neues Verständnis für Wagner öffentlich möglich, faszinierte und erschreckte wieder der große, der raffinierte Dramaturg, vielleicht ein Seher, ein Endzeitkünstler, verwandt dem Baudelaire und den »Blumen des Bösen«.

Endlich pilgerte ich, 1982, zu den Festspielen. Der Pilger kam über die Autobahn. Ich saß in einem großen Wagen. Ihn lenkte ein Fahrer. Auto und Chauffeur gehörten dem Rundfunk. Es war ein Zauberteppich nach Bayreuth. Leichter Regen.

Ich fragte den Fahrer, ob Pegnitz ein Umweg sei. Er verneinte. In München hatte mir jemand gesagt, daß Pegnitz jeden Umweg lohne. Pegnitz ist eine Kleinstadt mit all ihren fränkischen Reizen. In einer fast dörflichen Umgebung gibt es ein Hotel. Es ist ein Hotel aus dem Schlaraffenland, das feinste, wie es heißt, in Deutschland für Schlemmer und Schläfer. Sie fahren Jahr für Jahr zu den Festspielen nach Bayreuth, um in Pegnitz zu essen und zu schlafen. Vielleicht träumen sie Wagners Träume in alten Betten. Ich dachte mir den Wagnergelehrten, den ich kenne und verehre, ruhend unter einem weißen Betthimmel, die Partitur aufgeschlagen in seinen Händen und nun, noch einmal, nach der Aufführung, nach dem Abendbrot, Tristan und Isolde in Leid und Glück.

Ankunft in Bayreuth zu den Festspielen. Leichter Regen. Ich bin aber nicht in Bayreuth, ich bin angekommen in der Eremitage der Markgräfin. Ich hatte vergessen, wie nah oder weit Klingsors Zaubergarten vor der Stadt liegt. Der herrliche Park, die verschlungenen Wege, die falschen Ruinen der echten Gefühle, die plätschernden Brunnen, den Nymphen geweiht,

64

dort eine Freilichtbühne, Amateurschauspieler und ihr Regisseur, sie proben, regennaß, ein französisches Stück aus dem großen Zeitalter der Moral und der Unmoral, zu zartem Schaum geschlagen. Das Hotel inmitten dieser Idylle ist ein altes, langgestrecktes Gesindehaus, die Zimmer im ersten Stock. Unten ein Gartenausflugslokal, trotz des Regens alle Gartenstühle und Gartentische voll besetzt. Ein Verein feiert ein Fest. Am Spieß über einem offenen Feuer ein Tier. Vorwurfsvoller verzweifelter Blick des totgeschlagenen Tieres. Hunde ringsum. Sie wittern das Wild und springen den Braten an. Ein altes Bild. Mich begrüßt ein dickliches Mädchen. Mir ist, als käme sie mir in Kafkas Schloß entgegen. Sie umarmt mich heftig, bedauert, daß ich allein, ohne Frau und Hund gekommen bin, verspricht mir trotzdem gute Nächte. Das Zimmer ist klein, es ist ein großes Bett. Blick über das Wirtshaustreiben im Park, in den Regen. Anfang eines Romans.

War das Hotel eine gute Wahl, so schön, so ländlich, so still, so laut? Wollte ich Bayreuth wandernd zu Fuß erobern? Das Auto brachte mich zum Festspielhaus, in die Provinz. Eine deutsche Mittelstadt mit fürstlicher Vergangenheit, keine Hoheit mehr, keine Sage, keine Oper. Ich sehe vier Bayreuther vor mir den Hügel hinaufschreiten. Sie kämpfen sich hoch. Atemlos. Überanstrengt. Richard Wagner voran, die Wagnermütze schräg aufgesetzt, das Notenbündel unterm Arm, Rockschöße flattern. Eine Spitzwegfigur? Nein. Er ruft: »Ich bin der Plenipotentarius des Untergangs«. Was ist das? Ihm folgt Jean Paul. Er ist trainiert, täglich Feldwege zur Arbeit und zurück. Doch schwer belastet: »Rede des toten Christus vom Weltgebäude herab, daß kein Gott sei«. Er entschuldigt sich, ängstlich wie Dichter sind: »Das Ziel dieser Dichtung ist die Entschuldigung ihrer Kühnheit«. Rechts und links zwei Sonderbare: Max Stirner, »der Einzige«, geboren in Bayreuth, er wollte sich selbst gewinnen, das verwirrte Marx und Engels sehr, Stirner lehrte an einer Mädchenschule in Berlin, wurde rausgeworfen, starb arm; und dann Oskar Panizza, Einwohner von Bayreuth in seiner Irrenanstalt, stieg auf eine Leiter zum Mond, fand dort einen großen Holländer Käse. Die Markgräfin hinterher, schluchzend. Das Festspielhaus ist geschlossen. Leute stehen vor den Türen. Sie fragen, bedrängen mich nach einer Eintrittskarte zu Parsifal, zu Tristan und Isolde. Halten sie mich für einen Sänger? Das Pressebüro ist wie die Türen geschlossen. Ausgabe der Pressekarten Sonntag um 9.00 Uhr. Um neuneinhalb fängt der Parsifalfilm von Syberberg an in einem Kino in der Stadt. Angekündigte Dauer: fünf Stunden. Parsifal im Festspielhaus wiederum fünf Stunden. Ich denke, lieber Gott.

In meiner Nacht in der Eremitage versuchte ich den Parsifaltext zu lesen. Kaum Erinnerungen

66

an die verworfene Lektüre der späten Kindheit.
Die Dichtung bewährt sich zunächst als ein
gutes Schlafmittel. Um Mitternacht ein Liebes-
paar unter dem offenen Fenster. Ich weiß nicht,
warum sie kichern.

Ich versuch, von Kundry zu träumen, dem
»wunderbar weltdämonischen Weib«. Wagner
in einem Brief: »Sagte ich Ihnen schon einmal,
daß die fabelhaft wilde Gralsbotin einunddas-
selbe Wesen mit dem verführerischen Weibe des
zweiten Aktes sein solle? Seitdem mir dieses auf-
gegangen, ist mir fast alles an diesem Stoffe klar
geworden«.

Ich fange an zu grübeln. Kundry war die Minne-
dame des Amfortas. Sie stand in des Zauberer
Klingsors Diensten, war vertraglich an den
Bösen und Klugen gebunden. Handelte auf
Weisungen. Amfortas empfing durch sie die
Wunde zum Tode. Parsifal widerstand dem
Weib, bis er aus Mitleid sie alle erlöste. War Par-
sifal ein Arzt, ein Psychoanalytiker des Waldes?
Kundry küßte mich. Im Park bellten die Hunde.

Sonntag, ich erwache früh, nicht froh, habe die
Zeit verloren, ich fühle mich unausgeschlafen,
von Stille bedrängt, sie steigt wie Nebel aus dem
Park, kommt übers Bett durchs offengebliebene
Fenster, absolute Ruhe, das ist schlimm. Es regnet, aber sehr leise. Eine schöne tote Natur, in
der ich störe. Ich fühle mich dem Park ausgeliefert und weiß nichts mit ihm anzufangen. Wäre
ich ein Eremit in der Eremitage, ich hätte zu

tun, ich schlösse alle Tore. Nackt oder in einem Umhang aus Laub. So habe ich keinen Schirm, keinen Hut, kein Automobil. Dieser Park frißt mich auf. Ich versuche, mich zu wehren. Sehe keine Möglichkeit. Ich werde klein und kleiner. Im riesengroß wirkenden Gästesaal haben sie mir ein Frühstück bereitet. Es stehen da auf einem einsamen Tisch Eier, Wurst, Käse, Säfte, Kaffee oder Tee. Ich erschrecke das dickliche Mädchen aus Kafkas Schloß in dem Wunsch nach einem französischen Cognac. Alles andere nicht? Nein. Wo ist der Hund, der heute Nacht gebellt hat? Wir haben keinen Hund. Ich möchte ihn einladen; er kann das Frühstück haben. Bedauerndes Lächeln. Ich bestelle das Taxi. Der Wagen kommt schneller als erwartet. Ich fahre zum Festspielhaus. Ich bin um Punkt neun Uhr da. Die Türen sind geschlossen. Ein Torhüter ruft, Ausgabe der Pressekarten um zehn Uhr. Es sind aber schon Leute da, die mich umringen und mir die Karten, die ich noch nicht habe, abkaufen wollen. Vorahnung eines großen Ereignisses. Kleine Mädchen mit Autogramm-heften. Sie prüfen mich; vielleicht vermuten sie wieder, liebreizend, lüstern, ich singe. Ich denke an Klingsors Blumenmädchen. Diese sind noch zu klein. Wahrscheinlich ein Irrtum.

Was tun? Regen fällt weiter auf mich und den grünen Hügel. Ja. In einer halben Stunde fängt der Syberbergfilm an. Parsifal auf weißer Lein-wand. Der erfahrene Taxifahrer wartet noch.

Wir fahren zum Kino. Kleinstadtstraße am Sonntagmorgen. Nur wir sind wach. Großer Bahnhof, Journalisten aus München, Frankfurt, Hamburg. Ich suche den Kollegen aus New York? Er hat sich verirrt. Die Pressekarte kostet zwanzig Mark. – Dafür spendiert Syberbergs Verleger jedem einen Kaffee. Der Kaffee ist gut. Angeregte Konversation, Fachjargon, jeder sagt etwas Böses über den Film oder über Wagner. Syberberg tritt vor das Publikum und entschuldigt sich wegen der zwanzig Mark, betont, sie nötig zu haben, bricht schließlich in Tränen aus und muß weggeführt werden.

Syberberg-Film: wirr, bunt, interessant, Mitarbeiter am Drehbuch die Brüder Grimm, Sigmund Freud, Adolf Hitler, genial, wenn man will, nicht überzeugend als Film, aber überraschenderweise als Oper. Beeindruckend, überlebensgroß der tote Schwan. Mal Wagners Haupt aus Gips im Bett. Neben dem toten Schwan, neben dem Krankenlager des Königs auf einem Beistelltisch die Wunde, ein Stück Fleisch. Zwei Mädchen knien. Ich kämpfte vergebens gegen den Einfall, die Mädchen überlegen, wie man Schwanenleber brät. Sehr komisch, daß immerwährend irgendwelche Leute mit ernsten Gesichtern irgendwelche Kultgegenstände durch eine Bergwüste trugen, Zuckergußtänzerinnen in Ballettröckchen, wie Münchner Antiquitätenhändler sie nach dem Krieg an amerikanische Soldaten verkauften. In ihrer Bedeutung unerschlossen: Symbole des Dritten Reichs, das Hakenkreuz und so vieles anderes, die Gralsritter als SS-Soldaten. Positiv oder kritisch gemeint? Mir hat das alles sehr gefallen, und Wagners Musik dazu auch. Ich verstand sie besser als im Festspielhaus.

Ich konnte nicht das Ende erleben, es tat mir leid. Ich fuhr wieder zum Festspielhaus, holte meine Pressekarte, wurde vor der Tür von einer größeren Menge bedrängt, jungen und alten Leuten, und um meine Karten gebeten. Ich reiste über Land zur Eremitage zurück, der Weg kam mir weit vor, vorbei an Jean Pauls Arbeitsklause, er ging den Weg täglich, ich grüßte ihn und schämte mich. Ich kam ins Hotel, um mich umzuziehen. Ich dachte an meinen Lehrer Herbert Ihering, der im Sportanzug zu den großen Berliner Premieren ging. Die kleine Provokation beflügelte seinen kritischen Geist. Mich störte jetzt mein schwarzer Anzug. Das Taxi hatte gewartet. Ich fuhr wieder nach Bayreuth, diesmal zum Hotel Anker.

Zwei Uhr. Der Himmel über Bayreuth verdüsterte sich. Nach dem Mittagessen wurde der Regen stärker. Die Taxis hatten ihre große Zeit und wurden nicht mehr. Doch belebten große schwarze Limousinen mit auswärtigen Nummern das Straßenbild. Schwarz gekleidet, wie es der Respekt fordert, vor dem Bühnenhaus, vor der Inszenierung, vor dem Gesang, vor Wagner natürlich, ohne Mantel, ohne Mütze, ohne

Schirm, lauf ich, obdachlos, ich wohne ja draußen in der Eremitage, verlassen von dem vor allen Unbillen schützenden Zauberwagen des Rundfunks, zum Bahnhof, wo ich einst, vor zwei Jahren in Bayreuth angekommen war und träumte, Wagner zu sein, die Stadt prüfen zu wollen, ob sie mir zu Diensten wäre, und gleich wieder abreiste; ich komme mir vor wie ein Gespenst und fühle mich wohl. Kleiner Bahnhof, großer Wartesaal, die Herde traut sich nicht in den Regen, sitzt wie eingepfercht, kinderreiche Familien, Urväter, alle zu Wagner? Ich glaube es nicht. Doch sitzt der Künstler an jeder Wiege. Eiskaffee, überzuckert. Sie lieben alle das Süße.

Nachlassender Regen. Der Himmel hat ein Einsehen. Taxi zum Festspielhaus. Die Eröffnung der Bayreuther Festspiele ist in jedem Jahr das gesellschaftliche, das künstlerische Ereignis der Bundesrepublik. Gesichter aus den Zeitungen, Gesichter aus der Tagesschau des Fernsehens, Gesichter, die man kennt, ob man will oder nicht. Hier neu, den Anfänger hier überraschend, die alten Damen aus irgendeiner großen Zeit. Saßen sie hier, zu Füßen ihres Führers in der Fürstenloge, bestimmt für Ludwig II, der nicht kam, unter SA- und SS-Uniformen, da staatserhaltend geschützt, an das Gute glaubend, die Vorsehung, die gerechte, die richtige, die wegweisende, Eschatologie aus Hitlers Mund? Eine liebenswürdige alte Dame nennt die anderen liebenswürdigen alten Damen die Wagnerruinen. Die liebenswürdige alte Dame sagt, die Wagnerruinen sterben aus. Es tut mir leid. Die alten Damen gefallen mir. Sie beherrschen den Platz vor dem Festspielhaus, die Treppen, das Foyer. Manche gehen schon am Stock, stützen sich auf eine Silberkrücke, andere kommen forschen Schrittes, alte Soldaten. Die einen madonnenhaft gekleidet, Äbtissinnen des Wagner-Klosters Montsalvat, schon hingegeben dem Erlöserruf des Parsifal, die anderen, nicht jünger, nicht älter, sehr geschickt, selbst mit kühnem Geschmack modisch gekleidet, sehr cool mit Schlitzen bis zur Hüfte in den schleppenden Röcken, gerade vom Friseur renoviert in allen Farben, Schmuck, Erbstücke glitzernd, echt, selbstverständlich, wann sonst aus dem Safe geholt, noch nach zwei Weltkriegen sehr reich. Wie Palasthündchen führen sie schöne Jünglinge aus, die einen sehr sehr teuren Schneider gefunden haben. Die schönen Jünglinge blicken ernst, selbst grimmig, und tragen ihre schlanke Figur in einem Smoking schwarz oder weiß. Die Sonne scheint ja. Die Damen kennen und meiden einander schwesterlich. Corso der Empfindsamen, Invertierte, Musikkenner mit ihren Freunden. Ich bin ein Fremder hier, aber nicht ausgeschlossen. Ein Leitartikler, eine Gastgeberin erinnert sich meiner aus Paris. Ein Oberbürgermeister, blendender Redner im Bundesrat, vor eine riskante Wiederwahl gestellt, ist ein lesender Mensch, behauptet, er kenne mich.

Doch der gewandte, die Zukunft kennende
Schreiber bittet an die Freilichtbar zu Champagner. Wer wäre hier des Champagners nicht
bedürftig. Jetzt stechen mir Kommilitonen aus
meiner Jugendzeit ins Auge. Oh Gott, sie sehen
wie von damals aus: rote Mützen auf kurzge-
schorenem Haar, Korporationsbänder über die
geschwollene Brust gespannt, und siehe da, sie
stürzen, ganz wie zu Wilhelms Zeiten, an die
Balustrade der Terrasse, wo unten der Landesvater ankommt, der Bayerische Ministerpräsident. Viel Polizei. Die Polizisten bilden Spalier.
Die Studenten recken den Arm, schwenken ihre
roten Kappen, rufen hoch, hoch, alles wie einst.
Die Gesellschaft trifft Verabredungen für den
Abend. Einladung zum Nachtessen nach der
Erlösung für den Erlöser. Die Frage, wer geht
zum Landesvater. Die Fragen sind verhalten,
forschend, hinterhältig. Wer hingehen wird,
möchte vielleicht, daß es der Fragende nicht
erfährt. Es gibt auch Leute, die hingehen
möchten, aber nicht aufgefordert sind. Auch dies
verschleiert man am besten. Eine deutsche
Situation. Das Ganze wird überschätzt oder
unterschätzt.
Trompeter und Fanfarenbläser treten auf den
Balkon des Hauses. Zwei Stöße in das Blech.
Zwei Glas Champagner sind ausgetrunken. Wir
gehen ins Haus. Erwartungsvolle Herzbeklem-
mung.
Der Raum ist lange nicht so angenehm, so

schön, so fürstlich, wie der im alten Opernhaus der Markgräfin. Sie kommen, sie setzen sich, eine andächtige Gemeinde wie in der Kirche. In der schwebenden Loge die offizielle Prominenz. Der Landesvater läßt sich nicht sehen, er drängt sich nicht vor. Viele haben eine bedenkliche Phantasie: Fürchtet er ein Attentat? Nein, er hat es nicht nötig, vorne zu stehen. Seine Anwesenheit ist spürbar in der Luft. Die Kronenleuchter lassen das Licht, der Saal wird dunkel, das Vorspiel des Orchesters, für mich das Schönste von Kindheit an. Ach, das Stimmen der Instrumente im Orchestergraben. Ich bin kein Opernfreund. Es liegt ein Leben zurück, daß ich Wagners Librettos gelesen habe. Ich fand sie, seine Dichtung, albern, als Lyrik indiskutabel, überdies eine verkrampfte, herbeigezwungene völkische Mythologie, die mir unsympathisch war. Dies schon vor Hitler. Erst im Dritten Reich las ich bei Heine die Warnung vor Thor mit dem Riesenhammer: »Es wird ein Stück aufgeführt werden in Deutschland, wogegen die französische Revolution nur wie eine harmlose Idylle erscheinen möchte.« Wenn der Schwan erschien, schwimmend oder tot, dachte ich an Leda und ihren Schwan. Sie gefiel mir sehr. Immer noch, lieber Zeus als Wotan und Genossen. Ich fragte mich in Bayreuth, was macht die Besucher hier so andächtig? Die Stimmen der Sänger mögen groß, gewaltig, schmetternd oder niederschmetternd, verständlicherweise teuer sein. Man ver-

74

steht aber kaum ein Wort. Wer, außer den Wagnerruinen, die das ganz Jahr über das Textbuch lesen, kann der Handlung folgen? Zuerst wird ermüdend viel singend erzählt. Parsifal versichert, es auch nicht zu wissen, was da erzählt werde. Parsifal ist diesmal ein wirklich schöner junger Mann. Fragt nur bei schönen Frauen an. Ich erinnere mich an Bilder in einem Bayreuther Lokal: Parsifal mit Bauch. In der Pause nur eine Meinung: Er ist schön, er strahlt.

Das Bühnenbild ist nicht mehr der deutsche Wald. Es könnte eine Architekturskizze von Albert Speer sein. Die durch Fenster gegliederte Fassade eines Regierungsgebäudes, der Reichskanzlei in Berlin gleich zweimal, sie wiederholt sich auf dem Bühnenboden, braun, zuweilen rötlich. Unter den Füßen der Sänger hielt ich das Bild der Fenster auf dem Bühnenboden für die Becken eines Wassersanatoriums für die Bäder des kranken Amfortas. Leichte Müdigkeit.

Erfrischung im zweiten Akt. Ein kahlköpfiger Atomforscher sitzt vorsichtshalber in einem faradayschen Käfig vor dem Speerschen Regierungsgebäude und wirft hin und wieder eine kleine Neutronenbombe aus dem Fenster. Ich fand das lustig, weiß mich aber nicht einig mit dem Regisseur. Der Atomforscher ist Klingsor, wie man weiß, der Besitzer eines schönen Gartens. Herr eines Balletts oder gar eines Bordells. Ich frage mich, wer besucht ihn? Das Ballett könnte eine Übernahme aus dem alten Admi-

ralspalast in Berlin sein. Das Stück hieß damals
»Lauf doch nicht immer so nackt herum.« Die
nackt herumlaufen oder hier nur verschämt, sind
die Blumenmädchen. Anlaß zu großem Ernst.
Wagners Besetzungsbüro hat immer Schwierig-
keiten mit den Mädchen. Wagner trifft sich hier
mit seinem Zeitgenossen Flaubert, der den Tod
des Freudenmädchens bedauernd verkündet.
Klingsor in seinem Zaubergarten spielt nicht
nur mit den kleinen Atombomben, Wagner wäre
bereit gewesen, sie zu zünden. Es fehlte ihm nur
der Rat des Physikers, wie man das macht. Um
meine Enttäuschung zu überwinden, studierte
ich in der Nacht, das Fenster zur Baumluft der
Eremitage geöffnet, das Textbuch. Und siehe,
in Klingsors Zaubergarten, dem Anti-Gral,
ist Wagner ein verehrungswürdiger Poet. Es
wird sinnlich gesungen, der Notendialog der
Mädchen ist äußerst frei, und das 1882. Hier
träumte sich Wagner zusammen, was Flaubert
schon entschwunden war. Vielleicht sah Wagner
sich in einem geschlossenem Haus in der Pariser
Grand Epoque. Wagner ist dort sicher nicht als
Parsifal erschienen. Bestimmt kein großer Thor.
Amfortas Wunde eine Sache für den Hausarzt.
Auf der Bühne in Bayreuth war alles wieder in
Nebel gehüllt.
Da kniet er dann, der Parsifal, Erlösung dem Erlöser, der reine Thor. Wagner hat strikt der Auf-
fassung widersprochen, Parsifal sei ein Abbild
des Heilands, gar seine Wiederkehr nach budd-

histischer Auffassung, die ihm, zugegeben, nicht fremd war. Antisemiten meinten jedoch, einfältiger oder boshafterweise, der Jesus der Bibel, mehr noch der Christus der deutschen Kirchengeschichte, sie von der Weltmacht der Juden zu erlösen. Wäre es so von Wagner gemeint, hätte im »Stürmer« antisemitisch manipuliert stehen können, was Wagner allgemein, natürlich jammernd, gesagt hat: »Wer kann ein Leben lang mit offenen Sinnen und freiem Herzen in dieser Welt des durch Lug, Trug, Heuchelei organisierten und legalisierten Mordes und Raubes blicken, ohne zuzeiten mit schaudervollem Ekel sich von ihr abwenden zu müssen.«

Der »Stürmer« hätte sich selbst entlarvt. Die Worte sind von Wagner der ganzen Welt und nicht nur Israel oder der zerstreuten Judenschaft zugerufen, der Menschheit sind sie und nicht einem Juden entgegengestellt. Ich glaube nicht, ich will nicht glauben, daß Wagner die Verbrennungsöfen in Auschwitz seiner Mordanklage ausgenommen hätte. Wer ist nun der Erlöser? Wohl jeder Volksbefreier, jeder Menschheitsbeglücker, dessen Ideen zur Diktatur erstarren und schlimmer sind als das offenbare Übel, das er aus der Welt schaffen wollte. Aus Mitleid griffen und greifen viele zum Schwert. In einer Glocke im Dachgeschoß der Peterskirche steht eingestanzt »Der Mensch ist schlecht«. Und Goethe spricht von der Kraft (ich drehe sein Wort um), die stets das Gute will und stets das Böse schafft.

Zu erlösen wären viele Päpste, noch mehr andere Religionsführer, alle großen Eroberer, Lenin, deutsche Kaiser, Mussolini, Hitler, die Bombergeneräle von Hiroshima und Vietnam, die Vereinigte Fruchtpolizei von Mittelamerika. Ihnen entgegen, die Welt hütend, die Seelen der Bösen rettend, steht von Alters her und immer allein, der reine Thor. Er ist das Volk, so verstand es auch Wagner, wo es das Volk noch gibt. Der reine Thor, betont es Wagner. Der reine, denn Thoren waren auch und sind alle die gräßlichen Propheten, die der Menschen Glück zerstören.

Parsifal kniet. Kein Hasser. Ein Demütiger. Im Festspielhaus zu Bayreuth lachen sie nicht, wie man üblicherweise über den Knieenden, den Demütigen lacht.

Nach dem Spiel von der Erlösung gibt der Landesvater ein Fest. Die Bayerische Staatsregierung hat ins Alte Schloß geladen. Es kamen alle, doch man hörte seine Stimme so von Ferne, daß ich nichts verstehen und ihn nicht sehen konnte. Wie in ähnlichen Fällen drängen sie zum Buffet. Ausgehungerte des Wohlstandes. Der verehrungswürdige Mann aus der Bibel, der seine Diener schickte, die Bettler zum Mahl zu laden – es ist schade um ihn, daß er vergessen ist. Trost jedoch! Auf manchen Festen servieren die Mächtigen Supermarktschweine. Der Bayerische Ministerpräsident ließ jedermann, selbst den geringsten zu einem, zu zwei oder drei Bocksbeutel des besten Frankenweins kommen.

Junge Mädchen brachten die Flaschen und zählten sie nicht. Ich dachte, Gott in Bayern!

Heimgefahren in die Eremitage. Nach Mitternacht. Ich wanderte durch den Park. Allein zwischen Zaubertempeln, Undinen-Quellen, Pans Wiesen. Auf dem Festplateau der Freilichtbühne ein Regiebuch zu Molière. Dies hält die Welt zusammen, dieser Augenblick. Die Bombe, die das Humane zerstören will, ist gemeint. Verachten wir sie, und mehr noch sie, die den Abschuß befehlen möchten.

Ein Tag in Bayreuth vergangen. Mir stand noch »Tristan und Isolde« bevor. Morgen. Am nächsten Tag. Die Musik, nach Baudelaire, »der letzte Aufschrei einer zum Äußersten getriebenen Seele«.

War ich zu Wagner bekehrt?

In seinem geschirmten Grab unter alten wohltuenden Bäumen ruhte auf dem Friedhof Jean Paul. Er war ein Bürger, ein angepaßter Bürger, wie Dumme ihn schimpfen würden, er wußte, daß Gewalt ist und keine Gerechtigkeit, er ging seinen Weg, still, arbeitsam, er suchte Kontakte mit dem Himmel, über allen Menschen, die fragte er nicht.

Das Grab von Richard Wagner hinter seiner Villa im Villenviertel von Bayreuth könnte für Wotans Grab gehalten werden, so imposant, es ist aber Wagners letzte Ruhestätte. Was läßt sich in das Wort Wahnfried nicht hineindenken? Wagner versuchte nicht, die Angst zu beruhigen, wie Jean Paul so zart und beständig, Wagner schürte die Angst. Nietzsche sagte von ihm, er sei der größte Melancholiker der Musik. Nun gut, ich liebe ihn. Aber man grabe den Plenipotentarius nicht aus.

Gehalten am 16. Juli 1983 im Studio Nürnberg des BR

Nachwort

Meine Scheurebe

Im Wein liegt Wahrheit –
und mit der Wahrheit
stößt man überall an.
Hegel

Nürnberg hatte sein olympisches Jahr ein Jahr vor München: Dürers Fünfhundertsten 1971.

Auch das kleine Studio des Bayerischen Rundfunks in der Wallensteinstraße plante Großes. Sechs oder acht Schriftsteller sollten eingeladen werden, natürlich namhafte und gekrönte, sich die Stadt eingehend anzusehen, dann darüber zu schreiben und ihre Schreibe in den Studiogesprächen vorzutragen: Wie sehen wir von außen aus, war das nicht spannend, irgendwie?

Ich dachte an Baumgart, Böll, Enzensberger, Hagen, der 1965 den Nürnberger Kulturpreis bekommen hatte, an Hildesheimer, Koeppen, Krüger und Walser und, damit auch die Satire nicht zu kurz komme, an Robert Neumann und Dieter Hildebrandt.

Unser Münchner Kulturchef schüttelte den Kopf. Seit wann macht die Provinz Literatur? Unser aller Programmchef Walter von Cube aber sog nachsichtig an seiner Pfeife, als ich Koeppen sagte, und den bildschönen Rauchring, der seinem Tabaktiegel dabei entstieg, werde ich nie vergessen. Viel Glück, sagte er, daß Sie ihn kriegen.

Bis auf Walser aber, der schon damals mit seinem Bodensee genug zu tun hatte, nahmen sie alle teil. Als erster kam Horst Krüger. Zusammen mit Konrad Michel, meinem Studioleiter, traf ich ihn zum Auftakt an einem Mittag im Herbst 70 zum Essen im Goldenen Posthorn. Welch angenehme Stadt, sagte er beim Eintreten, offensichtlich noch atemlos vom Anblick des Schönen Brunnens, und wie bescheiden, sagte er, nichts vom Jubilar weithin, wie ich befürchtet, außer seinem Selbstbildnis mit Pelz überlebensgroß im Glas des Bahnhofportals, kein AD als Lebkuchen, Fußball oder Bratwurst sogar, stattdessen –

Als sich der Kellner diskret über unseren Tisch

beugte, erhaben gebundene Speisekarten überreichte und flüsterte: Wenn ich den Herren unser Dürer-Menü empfehlen dürfte – – –

Bei Hildesheimer war alles sachlicher, verknappter, vielleicht weil ich nur mit fränkischem, nicht mit italienischem Rotwein aufwarten konnte, wohl auch weil ihm die Stadt seit seiner Zeit beim Prozeß 46 völlig fremd geworden war, und auf jeden Fall lauter, weil seine Frau an Schwerhörigkeit litt, und sehr bestimmt, als die Rede auf Koeppen kam: Wie? Und Sie glauben tatsächlich, daß der kommt? Er sah bohrend durch sein Stück Torte im Café Kröll und rief, daß man an den Tischen ringsum die Ohren reckte: Der kommt Ihnen nie!

Doch er kam. Mitte Dezember 70. Als Dritter, denn er sollte als Zweiter reden. Im Januar, gemeinsam mit Hildesheimer. Aber der, der doch Koeppens Absage so sicher vorhergesagt, sagte nun selber ab. Einen Tag vor Weihnachten schrieb er kurz und bündig, wie Erich Kästner gesagt hätte, er könne mit der Stadt beim allerbesten Willen nichts mehr anfangen, und er müsse leider seine Zusage zurückziehen, worauf er am Heiligen Abend von mir das längste Telegramm bekam, das unserer Bundespost je vom Bayerischen Rundfunk in Nürnberg anvertraut wurde, mit Zorn, Wehmut und Ermunterung gefüllte zwei Seiten des Inhalts, daß er dann doch – denn der Absender hatte noch nicht die leiseste Ahnung von der tragischen Komik eines sommerlichen Gesprächs zwischen Hermann Kesten und Heinrich Böll, ebenfalls Bestandteil dieser Sendereihe, in dem der noblierte Präsident unseres teuren PEN seinem designierten Nachfolger auf jede Frage über Nürnberg mit einer Antwort über Köln begegnete und den beisitzenden Redakteur endgültig in die Tiefe des Trübsinns versenkte –, daß er

84

denn also doch als passionierter Nebenbeimaler, der er doch sei, vom herrlichen Musikkenner dieses eine einzige Mal ganz zu schweigen, um unseres lieben Gottes und des Redetermins willen, dem einundzwanzigsten Januar 1971, also keine vier Wochen fern, die Einladungen seien bereits im Druck, über sein sicherlich großes Vorbild, gleich nach Mozart, denn welchem Pinselartisten sei er es nicht, Dürern zu seinem Thema wählen solle, obwohl wir ausgemacht hatten, eben über diesen nicht zu handeln, weil über ihn im Jubeljahr todsicher bis zur Erschöpfung oder sogar an den Rand des eben zitierten Verbleichens geredet würde. Geben Sie dem Maler in situ einen Stoß, telegrafierte ich, nicht dem Dichter!

Daß er kurz und bündig zurückmorste: Ich tu's, wird wohl auch mit der Nachricht zu tun gehabt haben, es lebe das perfekte Perfekt, daß Koeppen, ganz entgegengesetzt seiner, Hildesheimers, Vorhersage, dagewesen und in Vorfreude auf ihre Partnerschaft vor Begeisterung schier geplatzt sei. Aber kaum gedacht, Fasern des Gänsebratens, meinem Leibgericht, noch im Zahn, klingelt die Quasselbestie auf dem Schreibtisch, und alles andere als Gutes ahnend, hörte ich am anderen Ende:

– oeppen, nichts als – oeppen

Die Pause ist lang, beinahe sprengt ihre Stille das Trommelfell.

Ich komme nicht, sagte die tonlose Stimme aus München, ich kann nicht kommen.

Die Stille formte sich zu einem scharfen Fragezeichen, einer lautlosen Inquisition.

Ich bin krank, hörte ich drei tonlose Silben. Der Redakteur schwieg, man hatte ihn ja gewarnt, daß es so kommen würde.

Es tut weh, sagte die Stimme.

Stille, außer daß es in der Leitung rauschte.

Ich weiß nicht wo, sagte die Stimme ohne Ton, wahrscheinlich überall. Nürnberg muß ich deshalb, so leid es mir –

Ich unterbrach ihn. Dann muß ich mich erschießen, sagte ich.

Nein, sagte er, nun schon deutlicher vernehmbar, ich erschieße mich.

Diesen Verlust kann ich der deutschen Literatur nicht zumuten, sagte ich. Ich gehe voran.

Sie folgen mir, sagte er bestimmt. Oder ich tue es nicht.

Wann sind Sie fertig?

Rechtzeitig, sagte er. Sie werden es nicht glauben. Aber Hildesheimer reizt mich.

Daß ihn beim übernächsten Mal Wagner reizte, habe ich zunächst nicht so recht ernst genommen, obwohl die Annäherung als langsame, ganz allmähliche Erwärmung bei unseren gemeinsamen Münchener Mittagessen erfolgte, zu denen wir uns alle vier bis sechs Wochen trafen, im Katzelmacher, bei Walterspiel zum Fisch, bei seinem Italiener gleich um die Ecke an der Tivolistraße, und als der ausgebrannt, hin und wieder im Hilton, wo er sich gern mit Herr Professor anreden ließ und auch irgendwie, doch mag das reine Einbildung gewesen sein, zu höherer Themenwahl neigte, der schon wieder mal bedrohlichen Lage des PEN beispielsweise oder dem gemeinsamen Freund Hermann Kesten, durch den wir uns kennengelernt hatten, Thomas Mann, der doch eine ganze Weile schräg über der Isar drüben residierte – na, und eben auch Wagner, dem Genie und dem Saukerl, doch das gestand er mir einmal nachts in seinem eilig gemieteten Zimmer auf der Theresienhöhe, in dem er sich gewiß schien, endlich den begonnenen Roman zu

Ende zu bringen – war es *Bismarck oder all unsere Träume, Ein Maskenball* oder *In den Staub mit allen Feinden Brandenburgs?* –, dachte er noch immer daran, einen von ihnen in Zellenhaft zu Ende zu bringen wie seinerzeit *Das Treibhaus*, zu dessen Erstellung ihn Goverts in einen Stuttgarter Bunker gesperrt hatte? In dem einfenstrigen Zimmer gab es nichts als eine Matratze mit einer Wolldecke, einen Tisch mit Stuhl und ein Waschbecken. Die Flasche mit einem unsäglichen Rotwein zog er aus seinem Mantel, und wir tranken abwechselnd daraus, bis er unvermittelt sagte: Wagner, oh doch. Das könnte was sein.

Ich sah ihm das Fernweh an, obwohl nur eine Birne brannte wie über seinem Schreibtisch in der Widenmayerstraße. Nur raus hier, nur raus! Vielleicht dachte er auch an Hildesheimer und Mozart als Kontrapunkt.

Aber auch für Bayreuth brauchte er zwei Anläufe. Für den ersten, 1981, hatten wir ihm wunschgemäß, wie vorher in Würzburg, eine Unterkunft außerhalb der Stadt besorgt, in der Nähe der Eremitage, umständlich freilich zum Erreichen der Opferstätte am Hügel, hochgefährlich für Pollennasen und Heuschnupfenhelden, aber kein Übel von beiden machte ihn mürbe, sondern Marion in München Sperenzien von wegen Einsamkeit, Durst und Open House für trockene Kehlen, weshalb er unverrichteter Dinge, ich traf ihn vergilbt wie das Alte Testament vor den Toren Jean Pauls, blitzschnell wieder zurück, um Schlimmeres zu verhüten, die Familie sei heilig, dachte ich, wagnergebrannt, und entließ ihn eidesstattlich bis zum nächsten Jahr, in dem er frisch und pünktlich, einquartiert inmitten der Stadt, ungeduldig mit dem Bleistift scharrte. In der Parzifal-Pause rechteten wir mit Wapnewski, dem Jüngsten der Wagnerweisen, über

Levine, trafen Raddatz, noch am Anfang seines lang-
borstigen Weges zum Krümelmonster, erwiesen von
ferne Kaisern die Ehre durch knietiefen Knicks und
trafen uns nach dem Spektakel beim Staatsempfang
am allerletzten Tisch im letzten aller Räume des
Schlosses auf Gnade oder Ungnade des dortigen letzten, aber, so wahr ich das schreibe, bestimmt allerbesten Kellners des Abends, dem lediglich ein fürstliches
Trinkgeld verdeckt zuzustecken und flüsternd zu
sagen war, daß wir statt Häppchen und anderen
Speisen nur für den erstklassigen fränkischen Tropfen
offen seien, den der Furier der Staatskanzlei zu solcher Gelegenheit zu spendieren pflege. Wow, war das
eine Wonne! Als wir uns nach dem Zapfenstreich be-
hutsam durch die Säle nach vorn tasteten, lief uns
Wolfgang Wagner im Tempel der regierenden und
singenden Protagonisten direkt in die Arme.
Darf ich die beiden Wolfgangs miteinander bekannt
machen, versuchte ich zu artikulieren.
Sie sahen neugierig durch einander hindurch, ver-
beugten sich artig, gaben sich heiter Welche Freude!
zu formulieren und strebten nach einem Händepat-
scher auseinander, der eine an seinen Künstlertisch,
der andere mit uns zum Ausgang, nach dem er ein
ganzes Jahr Zeit hatte, seine Eindrücke zu formulieren. Und das ist es: Wer Wolfgang Koeppen Zeit ließ,
dem gab er sie als Literatur zurück.
Zwischen Nürnberger Auftakt und Bayreuther Ende
freilich lag das Würzburger Intermezzo, das noch
manchmal in meinen Angstträumen erscheint, aber
auch *Jugend*, seine Anamnese, mit der er zwei Jahre
zuvor, eine größere Überraschung gab es im Quoten-
latein noch nicht, auf die Bestsellerlisten vorgestoßen,
unvorstellbar für seine Verhältnisse , schlichtweg ab-
surd für kaum hundertfünfzig Seiten, von denen, über

den Daumen gepeilt, ein gutes Drittel das Beste ist, was deutscher Prosa in diesem Jahrhundert gelang, und immer wieder, man mußte nur hinhören, auch in seinem Schweigen am Tisch jene schwebende Wahrheit, unter der Rede wie in einem feinen Nebelbad Banales verlor:

Ich glaubte damals, aufzuwachsen, aber die Wahrheit ist wohl, daß mein Schlaf sich in einem Traum verlor. Ich sah mich in diesem Traum agieren, ich handelte folgerichtig nach einer ihm innewohnenden Logik; doch hätte ich zu keiner Zeit sagen können, wovon ich träumte, oder auf welches Ziel hin ich mich bewegte. Dies läßt sich auch nicht damit erklären, daß mein Ziel die Ziellosigkeit war. Manchmal behauptete ich so etwas (zu wem? mit wem sprach ich?). Doch es stimmte nicht. Ich hatte mir nichts vorgenommen, nicht einmal die Ziellosigkeit; nur steuerte ich beharrlich von den anderen fort, und das war es, worauf es mir ankam.

»Er ist der empfindlichste Mensch der Welt«, schrieb Alfred Andersch, »aber er hat etwas Traumwandlerisches«. Reich-Ranicki, wenn jemandem überhaupt verehrend zugetan, dann einzig ihm, nannte ihn einen Außenseiter und zugleich eine Zentralfigur unserer Literatur und setzte ihn nach Erscheinen von *Jugend*, aus der oben zitiert wurde, noch vor die ungleich publikumsgewaltigeren Grass und Böll, von deren Auflagen er wahrlich nur träumen konnte. Fritz René-Allemann, lang lang ist's her, sprach von Ruinen-Existentialismus, Krüger, Härtling, Andersch hießen ihn einen enorm politischen Autor, Greiner sprach ihm gerade das Politische ab. Lenz liebte seine Reise-Essays genauso wie Hans Mayer, der den Simplex und Candide für ihn ins Feld führte. Was er denn, um Himmelswillen, im Augenblick schreibe? Wer ihn so plump fragte, beschwor in der Tat den undurchdringlich ungerührten Grauschleier des Unverbindlichen aufzuziehen. Helmut Heißenbüttel: »Von allen Aspekten der neuen deutschen Literatur hat mich der Versuch Koeppens, das sich entziehende Subjekt, das Welt erfährt, erlebt, überschaut, bis in seinen Entzug zu beschreiben, ja das Unmögliche zu tun: nämlich das Entzogene selbst zum Thema zu machen, als Aspekt am meisten interessiert.«

Also nun Würzburg, die Stadt, als jugendparadiesisches Wochenend der Lesezeit zwischen den Weinbergen, in denen er wohnte, bis es ihn dennoch hinab zu den Bürgern zog, genug der Winzer und Beeren, näher zu euch, Flegeljahre und alte Zeiten, fast jungenhaft froh, als er mir zusagte, sofort im Bild über das Jahr mit Strohm, mit Arthur Maria Rabenalt und Wilhelm Reinking, dem Bühnenbildner. Herbipols große Theaterzeit, wenn man so sagen darf, schien Anderes, Tieferes, persönlich Gewichtigeres ins Spiel zu bringen. Hatte er je darüber nachgedacht, war die Stadt, an einer Schleife des Mains, nicht literarische Muse seit je, seit Walther und Konrad und natürlich Heinrich von Kleist? War es nicht das denkwürdige Gewitter im Oktober 1800, jener längst durch Dissertationen und Exegesen in seine Funken zerlegte fränkische Blitz, an dem sich eine poetische Existenz entzündete, die über die Zeiten herüberleuchtet? Wie war das, genau 126 Jahre später, bei ihm? Seine erste Begegnung mit Süddeutschland, dem Katholizismus, dem Wein, von dem er seither, soll ich jetzt sagen: wie Goethe, nicht lassen kann, werden wir davon hören, hat sie die kleine Reise auf eigenen Spuren, die er im Oktober unternahm, wieder heraufgeholt, die mainfränkische Anamnese, wird sie, wer weiß, sogar Teil jener Prosa, der er sich im Augenblick stellt, von der er, welches Wunder, *Ein*

90

Anfang ein Ende, soeben Partikel im *Merkur* ver-
öffentlichte?
Ich wußte es nicht. Auch war er unerreichbar. Sein
Telefon litt unter Unwohlsein. Als ich ihn schließlich
am Hörer hatte, war es zwei Tage vor seinem Rede-
termin, dem 31sten Nürnberger Studiogespräch am
1. Dezember 88.
– oeppen, sagte er tonlos, – oeppen.
Ich wußte sofort, diesmal wird es noch schwerer als
sonst: Wieviele Seiten haben Sie?
Die Pause schien endlos, und ich hörte es rascheln.
Neun, sagte er.
Du heiliger Antonius, steh uns bei, rief ich, Freund
Dichter Nervtöter, am Freitag müssen Sie reden, eine
Stunde lang – – –
Ich rede nicht, klang es noch tonloser als vorher.
Diesmal werde ich mich nicht erschießen, sagte ich,
sondern Sie persönlich abholen. In Handschellen,
sagte ich, und bis morgen, seien Sie kein pommor-
scher Bock, schreiben Sie drei Seiten, hören Sie,
Freund Dichter Redakteurskiller, drei Seiten mindestens, ich bitte Sie –
Aus der Widenmayerstraße klang es wie das Murmeln
der Isar gegenüber oder aus einer Gruft und nicht
anders am nächsten Vormittag, als auf erneute Frage
nach dem Wasser- bzw. Seitenstand nach wie vor mit
der monotonen Neun geantwortet, aber auch kein
Widerspruch dagegen erhoben wurde, daß unser
Fahrer am kommenden Morgen Schlag zehn Uhr
gegenüber seiner Haustür, denn die Widenmayer sei
ja nun einmal bedauerlicherweise eine Einbahn, durch
vernehmliches, aber keinesfalls störendes Hupen
seine Bereitschaft zur Abfahrt bekunden, reichlich
Decken gegen eventuelle Unwirtlichkeiten am Kin-
dinger Berg fürsorglich mit sich führe, nicht weniger

übrigens auch reichlich innere Stärkung gegen überraschende Wintereinbrüche, welche die schon herrschenden jählings noch überträfen, ihn meine Wenigkeit selbstredend in Nürnberg sofort unter ihre Fittiche nehmen und die Sache, Sie werden sehen, Höchstverehrtester, gemeinsam zu einem guten Ende bringen würde.

Als mir am Mittag seine Ankunft gemeldet wurde, war ich im Nu bei ihm im Grandhotel. Er hatte eine finstere Bude bezogen, irgendwo weit ab, Richtung Hinterhof, stockdunkel, gab es überhaupt ein Fenster? Ich weiß es nicht mehr.

Weshalb haben Sie das reservierte Zimmer nicht genommen?

Ich schäme mich.

Er saß auf der Bettkante, machte ein Gesicht wie Heinz Erhardt, wenn ihm Georg Thomalla das Lachen stahl, und fingerte an den neun Blättern, mehr waren es wirklich immer noch nicht, dazu zweizeilig beschrieben. Der Mehrwert der schönen Täuschungen, auch an Dichtern geht er eben nicht vorbei, aber ich schnappte mir den Reisenden, kaum daß er Zeit hatte, seinen Ulster anzuziehen, verklarte ihm auf dem Weg zum Studio – Ring, Plärrer, Rothenburger, Wallensteinstraße, knappe zwanzig Minuten –, daß ihm jetzt in meinem Büro, mitten zwischen Bücherwänden und Akten und Manuskripten, Barbara erwarte, meine Schnellste an unserer schnellsten Maschine, und er nur diktieren müsse, einfach raus mit dem, was er doch lange gedacht, gewälzt, hin und her bewegt, einfach raus, sagte ich, rin in die Tasten –

Ich kann nicht diktieren, sagte er.

Ich weiß, ich weiß, sagte ich, Dichter sind Schreiber, keine Diktierer, aber Sie müssen, Koeppen, Sie müssen, Wein steht bereit, Häppchen zur Stärkung –

Ich habe keinen Hunger, sagt er, keine Krume, bitte, kein –

Dann lassen Sie's stehen, rief ich, aber diktieren diktieren diktieren Sie, und ich im Vorzimmer diktiere ein Nachwort zum Vorwort, sagte ich, fünf Seiten Vorwort zu neun Seiten Koeppen sind fast die halbe Miete, aber Sie müssen das Doppelte und ich nochmal die Hälfte, und wir haben's, sagte ich, das Ding ist gerettet. Und übrigens, setzte ich ermutigend nach, muß Ranicki am nächsten Samstag keine einzige Zeile kürzen, wenn er's in *Bilder und Zeiten* bringt, wie seinerzeit ein ganzes Drittel vom Wagner.

Die Vorstellung im Büro war wie der sanfte Zusammenprall eines blonden und eines brünetten Blitzes mit einer Wetterwolke, aus der es Sorgen schneite, die aber Barbara willfährig in die Klausur folgte, während sich Edda im Vorzimmer für mein Nachwort zurechtsetzte:

»Das also, meine Damen und Herren, war Wolfgang Koeppens Text über Würzburg. Nicht einfach ein Text, eine Geburt, die komplizierteste Entbindung sicherlich, die selbst beim knotenreichen Koeppen je vonstatten ging. Mit Wein und Sonne im Oktober begonnen, mit einem Wetter, das den Wein zum Glühen brachte, heute abend, unmittelbar vorm Vortrag, im Nürnberger Schneegestöber beendet, alles bleibt offen, ein Fragment mehr eines Dichters, der die offenen Kreise –

Als Barbara hereinplatzte: Herrn Koeppen schmeckt der Wein nicht, er ist ihm zu süß.

Was habt ihr ihm denn gegeben, die Kantinenlorke? Sie nickte.

Ihr spinnt. Wißt ihr nicht, daß hier ein Kenner sitzt? Also ran mit dem Casteller für heute abend. Aber guck auf's Etikett. Bausch, hörste, Silvaner 85, kräftig geprägt und knochentrocken. Dem Vöth dreht's das Herz um, wenn sich das rumspricht. Ab die Post und gebt der Muse die Milch, die sie braucht.

Am Ende waren es immerhin acht Seiten plus, unterbrochen zwar häufig von Seufzern und Schmähungen wie So ein Käse! und beendet mit klitschnassem Hemd, so daß ein neues besorgt werden mußte, denn zwischen Ende der Durchsage und Redebeginn blieb kaum Zeit zum Imbiß in der Kantine und für ein einziges Valium, das ihm Frau Buhl fast gewaltsam einflößte, alles andere als das nachträgliche Lob des so Versorgten erwartend, daß er leicht, ja sogar leichter als leicht mindestens doppelt so lang hätte reden können, wenn er dessen melancholischer Stärkung gewiß gewesen, was indes nach dem großen, nahezu überschwenglichen Erfolg des Abends sein Drängen nicht schmälerte: Nur fort aus der Menge, weg von den Leuten im prall aufgepumpten Schlauch des Studioflurs. Daheim bot ich ihm zum ersten Mal Bürgstädter Mainhölle an, einen sechsundsiebziger Spätburgunder, glockentrocken, aber daunenweich. Es wurde sein Lieblingswein, und immer, wenn wir ihn gemeinsam tranken, löste sich seine Zunge, deren Schweigsamkeit ihn frühzeitig zum Klassiker gemacht, die sich dann aufschwang zu Entwürfen von Luftschlössern aus den Filmbildern seiner Phantasie, ja: Filmemacher wäre er denn doch liebend gern geworden, aus dem fränkischen Roten entfaltete der schüchterne Wunsch seine Blume von Mal zu Mal mehr, die Skizzen, Gravuren, die scheuen Stilleben seiner Wörter, weit weit, meilenweit entfernt von ihren *Tauben im Gras*, zu leiblichen Bildern werden zu lassen, sie aus der Sprachlosigkeit zu höherem Leben zu entbinden. Kein Gott gab ihm zu sagen, was er litt. Die Qual des Schreibens, sein Thema war es nicht.

Kaum, daß er gestand: »Ich bin mutlos vor dem großen Unvermögen, auszudrücken, was mich bewegt.« Oder verweigerte er die Aussage, weil ihm nichts mehr mangelte als die Fähigkeit des einfachen Erzählens, worum andere ihn beneiden? Als er 1962 den Büchner-Preis erhielt, stützte er sich in seiner Rede auf die Behauptung Robert Musils, man könne leichter prophezeien, wie die Welt in hundert Jahren aussehen, als wie sie in hundert Jahren schreiben werde. Koeppen, glaube ich, brachte uns der Zukunft näher als jeder andere deutsche Schreiber. Nicht ohne Vorfahren, gewiß nicht, aber ohne Weggenossen. War das nicht Grund genug zu Zweifel, ja, zu Verzweiflung, den Glauben eher an die Niederlage, die Vergeblichkeit als an ein Überleben?

Kurz vor seinem Fünfundachtzigsten saßen wir, das Gehen fiel ihm schon schwer, am Schreibtisch in seinem Arbeitszimmer über der Isar. Er dahinter, ich davor. Die Sonne wackelte einiges Licht durchs Fenster. Es sah aus, als wäre noch nie Staub gewischt worden. In unseren Gläsern waren Reste von Mainhölle.

Was ich schon lange sagen wollte, sagte ich, Marion ist an meinem Geburtstag gestorben.

Er nahm die Brille ab, putzte sie und sah ohne das Glas noch schutzloser aus als sonst.

Ach, sagte er: Ich dachte, ich würde nur noch allein an sie denken.

Wolfgang Buhl

Inhalt